English Diary Drills [Plus Edition]

英語日記
ドリル＋
Plus

石原真弓 著

はじめに

　私が人生の半分以上にわたって継続していること、それは「英語日記」です。現在、23年目に突入しています。渡米する前日に5年連用日記帳をプレゼントされたのを機に、留学初日から一日も欠かさずに書き続けています。

　英語日記の魅力は、その「気軽さ」「身近さ」「楽しさ」にあります。何事もハードルが高いと長く続けるのは難しいものですが、好きな時に、好きな分だけ、好きなことを書けばよいという英語日記は、誰でも気軽に取り組むことができます。毎日英語に触れることを習慣づけられるのが大きな利点です。わからない表現があれば積極的に調べるようになりますし、ボキャブラリーを増やしたいという学習意欲も湧いてきます。過去の日記から、当時のことを思い出したり、英語力の成長が見て取れるのも楽しいものです。

　私は、著書やセミナー、英会話レッスンなどを通して、英語で日記を書くことを提唱してきました。実践している学習者の方々からその効果や楽しさをうかがうと、本当にうれしくなります。それと同時に、うまく英語で表現できないもどかしさや、自分の書いた英語が合っているのかといった不安なども見えてきました。かく言う私自身、過去に同じような気持ちを抱いた経験があります。

　そういった学習者のモヤモヤを解消すべく執筆したのが、この『英語日記ドリル[Plus]』です。本書を構成する50のユニットでは、ウェブサイト「Space ALC」で連載中の「英会話質問箱」に寄せられた疑問や、授業で質問を受けた事柄の中から、多くの学習者に共通するつまずきがちなポイントを厳選し取り上げています。

　本書が「家庭教師」的な存在となって、皆さんの英語日記がより楽しいものになれば幸いです。

Perseverance pays off. （継続は力なり）

石原真弓　2013年11月

CONTENTS

はじめに		003
英語日記のススメ		006
この本の使い方		008
英語で日記を書く前に		010

1章　これでスッキリ！ 文法・語法のギモン

1	現在形　「…をする、…である」		014
2	過去形と現在完了形　「…した」		016
3	過去進行形　「(〜したとき)…していた」		018
4	現在完了進行形　「(ずっと)…している」		020
5	現在完了形と現在完了進行形　「…し続けている」		022
6	時制の一致　「…だと思った、…だと気が付いた」		024
7	仮定法過去と仮定法過去完了　「…だったら〜」		026
8	直接話法と間接話法①　「〜に…しなさいと言った」		028
9	直接話法と間接話法②　「〜が…と言った」		030
10	名詞と数量　「…個の、…組の、いくらかの」		032
11	形容詞と副詞　「上品な／上品に」		034
12	-ing形 と -ed形(過去分詞形)の形容詞　「すごい／驚いた」		036
13	副詞に見えない副詞　「家に、家へ」		038
14	不定詞と動名詞　「…すること」		040
15	Who で始まる疑問文の語順　「誰が…？／誰に…？」		042
16	接続詞 and　「A そして B」		044
17	否定＋or　「A も B も…ない」		046
コラム①	お店は "they" で「親近感」と「温かみ」をプラス！		048

2章　なるほど！「日→英」変換術

18	I enjoyed ...、I had ...　「楽しかった」		050
19	It's getting ...、I get ...　「最近…になってきた・だなぁ」		052
20	be easy to ...、be hard to ...　「…しやすい／…しにくい」		054
21	can't help ...、It's no use -ing　「仕方がない、しょうがない」		056
22	used to ...、現在完了形　「…したことがある」		058
23	by mistake、carelessly　「…してしまった」		060
24	It's a bother.　「面倒くさい」		062
25	... is so lucky!、I'm happy for ...　「うらやましい、…のことでうれしい」		064
26	... and 〜 as well、also ...　「ついでに」		066
27	as I'd expected／on second thought　「やっぱり」		068
28	I'll try to ...／unless it's necessary　「なるべく」		070
29	All I could do was ...　「…するのが精いっぱいだった」		072
30	managed to ...　「何とか…できた」		074
コラム②	英語で「仕事」を語れますか？		076

3章　もう迷わない！　似た表現の使い分け

31	be going to と will 「…する、…する予定だ」	078
32	can と be able to 「…できる」	080
33	see と watch 「…を見る」	082
34	hope と wish 「…だといいなあ」	084
35	look と seem 「…のようだ」	086
36	later と after 「…後に」	088
37	during と while 「…する間に」	090
38	the other と another 「もう一方の物／別の物」	092
39	forgot about と forgot to 「…を忘れていた／…し忘れた」	094
40	remember 「…を思い出す／…を覚えている」	096
41	worry about ... と be worried about ...「…のことを心配する／…のことを心配している」	098
42	think／hear／know に続く of と about 「…のことを／…について」	100
	コラム③　いろいろな「可能性」	102

4章　使ってみよう！　こなれたネイティブ表現

43	make a stop 「止まる」	104
44	How come ...? 「どうして…？」	106
45	what to ... 「何を…すればよいか、何を…すべきか」	108
46	beautiful 「素晴らしい」	110
47	go＋動詞 「…しに行く」	112
48	won't ... 「…しようとしない」	114
49	... is around the corner 「もうすぐ…だ」	116
50	What in the world ...? 「一体全体…」	118
	コラム④　一番言いたいことから始めよう	120

英語日記お役立ちツール BOX

「英語日記」文法ノート　　122	4大テーマ「使える」表現集　　146
ひとこと表現集　　138	

日記表現 INDEX　　150	おわりに　　163
ダウンロード特典のご案内　　162	

> 英語日記のススメ

英語日記は鉛筆1本で始められる気軽な学習メソッドです。

アメリカ留学以来、現在も英語日記を続けている石原先生に、
英語日記の効果と長く付き合うコツについて聞きました。

「英語日記」で本当に英語は上達する?

「使ってみる × 継続」がチカラになる!

「間違っているかもしれない英語で書き続けて本当に英語が上達するの?」と、英語日記の効果について不安に思われる人もいることでしょう。
私自身は英語で日記を書き続けて23年になりますが、過去の、日記を読み返してみると、地道に続けたことで徐々にミスが減り、表現力がついたことがはっきりと見てとれます。
不思議なことに、英語日記を始めると、目新しい構文や見聞きした表現など、新しい知識をすぐに使ってみたくなるものです。
この「習ったらすぐ使う」は知識の定着を高めてくれます。
英語日記の効果は継続によって現れるものです。
挫折しないで続けるコツはズバリ、無理せずに楽しむこと!
何を書くかはあなたの自由です。誰かに見せるためのものではありませんから、時間のないときには1行で済ませたり、たまには休んだっていいんです。
毎日少しずつでも英語に触れ、吸収した知識を積極的に使うことを心掛けて継続すれば、英語で日記を書くことの効果をきっと実感できるはずですよ。

最初から「正しい英語で書かなくちゃ!」と気負う必要はありません。
日記の特性を生かして、マイペースで気楽に続けましょう。

いきなり英語で書くなんてムリ?

最初は「日本語 → 英語」の英作文でOK!

英語で考えて英語で書くことは理想ですし、私自身も授業では「英語 → 英語」の思考回路作りを心掛けて教えています。ですが、そのような指導を受けたり、英語の環境に身を置いたりしない限り、多くの方にとって、日本語を介さずいきなり英作文するというのは相当高いハードルかもしれません。

そこで最初は、日本語をベースにして、パーツ単位で英訳していくという方法をお勧めします。

英語では「誰が＋どうする」（主語＋動詞）で文を始め、その後に「何を＋どこで＋誰と＋どうやって＋いつ」といった補足的な語句を足していきます。

例えば、買い物についての文なら、まず、I bought（私は、買った）と主語＋動詞で始めます。

その後に、何を、いくらで、どこで、いつ買ったのかといった情報を、I bought / a T-shirt / for 3,000 yen / at ALC Mart / yesterday. のように加えていきます。

「昨日、ALCマートでTシャツを3,000円で買った」という文を、一気に英語に変換するのではなく、意味の固まりごとに英訳した複数のパーツで、文を組み立てていく感覚ですね。

プラスαでさらに効果 UP!

余裕がある人は、リーディングやリスニングも学習に取り入れてみましょう。

そのときも、一文を丸ごときれいに訳そうとするのではなく、文頭から意味の固まりごとに区切って解釈するようにしてみてください。

そうすることで、次第に英語の構造に慣れ、英語を英語で考える思考回路ができてきます。

英語教材を読んだり、英語のCDを聞いたり、映画を見たり、といった受信型の学習では、細部の表現に意識を向けるようにするといいですね。

例えば、「疲れた」と書くときにはいつも I got tired. を使っていたけれど、あるとき、I had a long day.（長い一日だった＝疲れた）という表現を耳にした、そんなこともあるかもしれません。これは使える!…そう思ったらすぐに日記に取り入れてみましょう。

そういったことで、表現力が UP していきます。

英語のインプットを増やそう

● **レッスンのテーマ**

その日の学習テーマです。1章のレッスンの中には、「See also▶」の形でリンク先を示されたものがあります。リンク先のページには、関連する文法情報の「まとめ」がありますので、確認や復習に活用してください。

● **「Q」(Question)**

英語で表現する際に、学習者がつまずきがちなポイントを、一日一つ取り上げます。

● **「こんなふうに使います」**

その日の学習の鍵となる構文です。次項の「A」で、使い方が説明されます。

● **「A」(Answer)**

石原先生による解説です。「Q」への回答をきっかけにして、構文の説明、関連表現の紹介、会話への応用例にまで話題は広がります。実際に石原先生のレッスンを受ける感覚で、楽しく学びましょう。

● **「入れ替え表現集」**

「こんなふうに使います」の構文を使って、下線部の入れ替え練習をします。語彙の学習にもなります。

● **「真弓の一言」**

石原先生のお気に入りの言葉を集めました。左ページに英文、右ページに和訳が掲載されています。1行の英文に込められた前向きなメッセージを味わってください。

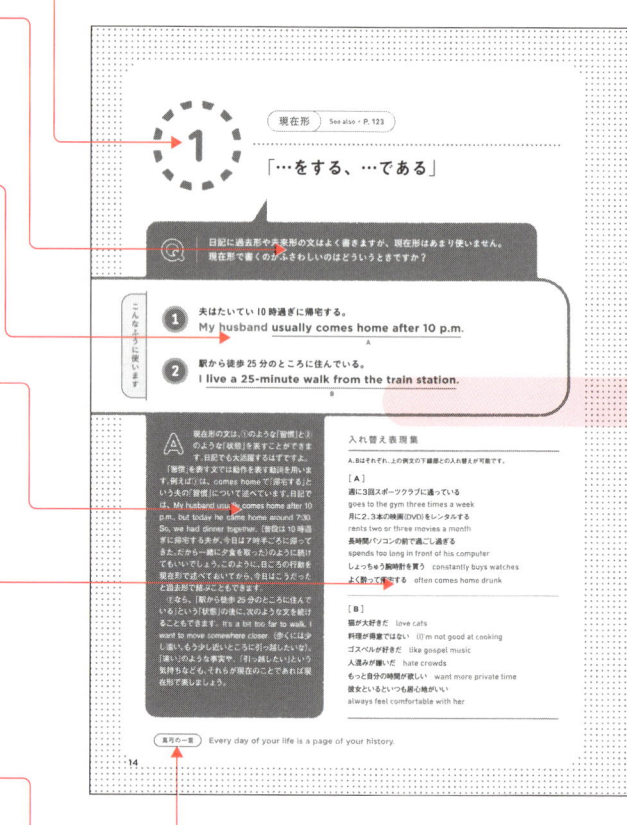

\ 構文・表現をインプット！ /

LESSON

英語学習者がつまずきがちなポイントを、Q & A 式のレッスンで解決していきます。

この本の使い方

この本は、英語で日記を書くことを通して、日常の出来事をより的確な英語で表現するためのコツを学ぶことのできるドリルです。「文法・語法の疑問」「『日→英』変換術」「似た表現の使い分け」「こなれたネイティブ表現」について学ぶレッスンが、全部で50用意されています。

\ 学習した内容を日記にアウトプット！ /

DIARY

学習した構文や表現を使って、
オリジナルの日記を書いてみましょう。

● 「例えばこう書く」

その日の構文を使った日記の例です。まず日本語を見て、自分なら英語でどう表現するかを考えてから、英文を確認してみましょう。

● オリジナル日記

あなた自身の日記を書いてみましょう。一文だけでもOKですし、書けるときにはもう少し長めの日記を書くことにも挑戦してみてください。
「Date」は日付の記入欄です。
顔マークはその日の日記の「ムード」を表します。マッチするムードのチェックボックスに、「✔」を入れてください。「happy（ハッピー）」「sad（悲しい）」「angry（腹立つ〜）」のどれにもあてはまらないときには、右端のブランクに表情を書き入れ、その日のムードを表す形容詞を添えてみましょう。

[ムードを表す形容詞の例]
surprised（ビックリ！）／tired（疲れた〜）／confused（どういうこと？）／embarrassed（恥ずかし〜）／funny（笑っちゃう）／moved（感動！）／desperate（必死）／disappointed（がっかり…）／shocked（ショック！）

コラム「Have A Little Break」
英語表現の背景にある、ネイティブの感覚を読み解く楽しい読み物です。日記はもちろん、会話にも役立ちます。

巻末付録 「英語日記お役立ちツール BOX」
本書で学習する文法項目のまとめや、感情を添える一言表現、日常の4大テーマに焦点を当てた語彙リストなど、英語日記にそのまま使えるお役立ちツールを集めました。

書きたいことが見つかる！ 日記表現INDEX
本書の「こんなふうに使います」「入れ替え表現集」「例えばこう書く」で紹介した表現約800を、日本語で引くことができる便利な索引です。

本書の特典として、特製「単語シート」がダウンロードできます。
辞書で調べた表現、映画や音楽から拾った表現などを記録して、あなただけの単語帳を作りませんか？　※ 詳細は、P. 162をご覧ください

9

英語で日記を書く前に

英語で日記を書き始める前に、基本的な英文の組み立て方と、
日付の表し方を押さえておきましょう。

英文の基本的な組み立て方

STEP 1　「誰が」＋「どうする」

英文を組み立てるには、「誰(何)が」と「どうする」、つまり主語(I、He など)と動詞(exercise、study など)が必要です。

I exercise. （私は運動する）

誰が　主語　＋　どうする　動詞

STEP 2　「誰が＋どうする」＋「何を」

動詞には、STEP 1 の exercise のように「主語＋動詞」だけで文が成立するもの(自動詞)と、play、like のように動作の対象「…を」を必要とするもの(他動詞)とがあります。他動詞の後ろには、「何を」を足しましょう。

（私はフルートを演奏する）
I play the flute.

誰が　主語　＋　どうする　動詞　＋　何を　目的語

（彼女はクラシック音楽を好む）

She likes classical music.

誰が　主語　＋　どうする　動詞　＋　何を　目的語

STEP 3 「誰が＋どうする」＋「誰に」＋「何を」

STEP 2 の「誰が＋どうする＋何を」に「誰に」を加える場合は、「動詞＋誰に＋何を」か、「動詞＋何を＋前置詞＋誰に」で表します。ただし、動詞によって用いる前置詞（下の例文では to）は異なるので、辞書などで確認する必要があります。

（私は母に花を買った）

I bought my mother some flowers.

誰が ＋ どうする ＋ 誰に ＋ 何を

（彼は友人らにクリスマスカードを送った）

He sent Christmas cards to his friends.

誰が ＋ どうする ＋ 何を ＋ 誰に

STEP 4 「誰が＋どうする」＋「誰に」＋「何を」＋α …

「どこで」「どうやって」「いつ」といった情報や、「どんな」といった描写を足していけば、英文はさらにイキイキとしたものになります。

（昨日、私は電車の中でリョウタに偶然会った）

I met Ryota on a train by chance yesterday.

誰が ＋ どうする ＋ 誰に ＋ どこで ＋ どうやって ＋ いつ

（うちの犬は新しい赤い首輪を気に入っている）

My dog likes his new red collar.

誰が ＋ どうする ＋ どんな ＋ 何を

日付の表し方

▶ 年月日の場合

アメリカ英語では「月、日、コンマ(,)、年」の順に書くのが一般的です。「月」は短縮形を用いることもあります。(右の「短縮形一覧」を参照)

2013年9月3日 ⇒

September 3, 2013 (または **Sep. 3, 2013**)

▶ 日付と曜日の場合

「年」を省いて「曜日」を記す場合は、「曜日、コンマ(,)、月、日」の順に書くのが一般的です。「月」「曜日」の両方を短縮形にすることもあれば、どちらか一方のみ短縮形にすることもあります。

9月20日 金曜日 ⇒

Friday, September 20 (または **Fri., Sep. 20** など)

短縮形一覧

【月】

1月	January (Jan.)
2月	February (Feb.)
3月	March (Mar.)
4月	April (Apr.)
5月	May
6月	June
7月	July
8月	August (Aug.)
9月	September (Sep.)
10月	October (Oct.)
11月	November (Nov.)
12月	December (Dec.)

【曜日】

月曜日	Monday (Mon.)
火曜日	Tuesday (Tue.)
水曜日	Wednesday (Wed.)
木曜日	Thursday (Thu.)
金曜日	Friday (Fri.)
土曜日	Saturday (Sat.)
日曜日	Sunday (Sun.)

( )内は短縮形です。短縮形にはピリオドが必要です。5月～7月には短縮形はありません。

本書における表記のルール

次のように表記されているところでは、下線部は< >内の語・語句との置き換えが可能です。

I wish it was<were> Thursday.

⇒ 「**I wish it was Thursday.**」 または 「**I wish it were Thursday.**」

I want to live abroad<overseas>.

⇒ 「**I want to live abroad.**」 または 「**I want to live overseas.**」

she will pass<passes> the exam

⇒ 「**she will pass the exam**」 または 「**she passes the exam**」

CHAPTER_01

これでスッキリ！
文法・語法のギモン

いざ英語を使おうとしてつまずきがちなのが、
「ここは過去形でいいの？」「doing？ それとも to do？」といった、
文法・語法の問題です。
まずは基礎を固めていきましょう。

現在形　See also ▶ P. 123

「…をする、…である」

Q 日記に過去形や未来形の文はよく書きますが、現在形はあまり使いません。現在形で書くのがふさわしいのはどういうときですか？

こんなふうに使います

1 夫はたいてい 10 時過ぎに帰宅する。
My husband usually comes home after 10 p.m.
　　　　　　　　　　A

2 駅から徒歩 25 分のところに住んでいる。
I live a 25-minute walk from the train station.
　　　　　　　　　B

　現在形の文は、①のような「習慣」と②のような「状態」を表すことができます。日記でも大活躍するはずですよ。
　「習慣」を表す文では動作を表す動詞を用います。例えば①は、comes home で「帰宅する」という夫の「習慣」について述べています。日記では、My husband usually comes home after 10 p.m., but today he came home around 7:30. So, we had dinner together.（普段は 10 時過ぎに帰宅する夫が、今日は 7 時半ごろに帰ってきた。だから一緒に夕食を取った）のように続けてもいいでしょう。このように、日ごろの行動を現在形で述べておいてから、今日はこうだったと過去形で結ぶこともできます。
　②なら、「駅から徒歩 25 分のところに住んでいる」という「状態」の後に、次のような文を続けることもできます。It's a bit too far to walk. I want to move somewhere closer.（歩くには少し遠い。もう少し近いところに引っ越したいな）。「遠い」のような事実や、「引っ越したい」という気持ちなども、それらが現在のことであれば現在形で表しましょう。

入れ替え表現集

A、B はそれぞれ、上の例文の下線部との入れ替えが可能です。

[A]
週に 3 回スポーツクラブに通っている
goes to the gym three times a week
月に 2、3 本の映画 (DVD) をレンタルする
rents two or three movies a month
長時間パソコンの前で過ごし過ぎる
spends too long in front of his computer
しょっちゅう腕時計を買う　**constantly buys watches**
よく酔って帰宅する　**often comes home drunk**

[B]
猫が大好きだ　**love cats**
料理が得意ではない　**(I)'m not good at cooking**
ゴスペルが好きだ　**like gospel music**
人混みが嫌いだ　**hate crowds**
もっと自分の時間が欲しい　**want more private time**
彼女といるといつも居心地がいい
always feel comfortable with her

真弓の一言　Every day of your life is a page of your history.

日記を書こう！

「例えばこう書く」と左ページの「入れ替え表現集」を参考に日記を書いてみましょう。1文だけでも構いませんが、余裕のある人は少し書き足してみてもいいでしょう。

例えばこう書く

3月5日　火曜日	Tuesday, March 5
電車の中で元同僚のマリコに偶然会った。彼女は今、フリーのライターをしている。とても元気そうだったな。	I ran into my former colleague Mariko on the train. She works as a freelance writer now. She looked very well.

語注 run into …：…に偶然会う　former：元…　colleague：同僚　freelance：フリーの　look well：元気そうに見える

Date: _____

☐ happy　☐ sad　☐ angry　☐

真弓の一言　一日一日が自分の歴史の1ページ。

過去形と現在完了形　See also ▶ P. 124、125

「…した」

Q その日の出来事を「…した」と書くのに、過去形と現在完了形のどちらを使うべきか迷います。使い分けのヒントはありますか？

こんなふうに使います

1 妹と買い物に行き、私はバッグを買った。
My sister and I <u>went shopping and I bought a bag.</u>
　　　　　　　　　A

2 ようやく、プレゼンの準備が終わった。
I've <u>finally finished preparing for my presentation.</u>
　　　B

A その日の出来事を「…した」と淡々と書く場合には①のような過去形、その出来事を現在の状況や気持ちと結び付けて書く場合には、②のように現在完了形で表す、と覚えておくとよいでしょう。
　「財布をなくした」を例に見てみましょう。過去形の I lost my wallet. は過去の出来事について述べているにすぎませんが、現在完了形の I've lost my wallet. は、財布を紛失し、今もまだ見つかっていないことを意味します。
　②の例文の場合、プレゼンの準備を終えたことが、ほっとした現在の心境につながっています。この文の後に、So, I can go to bed early tonight. That makes me happy.（だから今夜は早く寝られる。うれしいな）などといった文を続けると、さらにこの現在完了形が生きてきますね。現在完了形の文には、finally（ようやく）、just（ちょうど）、already（すでに）といった言葉がよく添えられます。I haven't … yet. という否定形の文にすると、「まだ…していない（困ったな、ヤバイ）」という状況を表すことができます。

入れ替え表現集

A、Bはそれぞれ、上の例文の下線部との入れ替えが可能です。

[**A**]

一緒におばあちゃんを訪ねた　visited Grandma together
大げんかをした　had a big fight
お母さんのために特別な誕生日ディナーを作った
made a special birthday dinner for Mom
映画に行き、二人とも同じ俳優を好きになった
went to the movies and fell in love with the same actor
ワインを3本空にした　emptied three bottles of wine

[**B**]

ちょうど長期出張から戻ってきた
(I)'ve just come back from a long business trip
ちょうどセーターが編み上がった
(I)'ve just completed knitting a sweater
彼女にピッタリな贈り物をようやく見つけた
(I)'ve finally found a perfect gift for her
あの割引券はもう捨ててしまった
(I)'ve already thrown away the discount coupon

真弓の一言　No pain, no gain.

 # 日記を書こう！

「例えばこう書く」と左ページの「入れ替え表現集」を参考に日記を書いてみましょう。1文だけでも構いませんが、余裕のある人は少し書き足してみてもいいでしょう。

例えばこう書く

2013年5月8日

ネットで『刑事コロンボ』のDVDボックスセットを見つけた。今月の小遣いはもう使ってしまったけど、どうしても欲しい！

→

May 8, 2013

I found a DVD box set of "Columbo" online. I've already used up my allowance for this month, but I really want it!

語注 DVD box set：DVDのボックスセット　online：ネットで　use up ...：…を使い果たす　allowance：小遣い

Date: _____

☐ happy　☐ sad　☐ angry　☐

真弓の一言　苦あり楽あり。

過去進行形　See also・P. 125

「(〜したとき)…していた」

Q 過去進行形はどういう場面で使うのが自然ですか？
過去形で表すべきか、過去進行形にすべきかで迷うことがあります。

こんなふうに使います

1 彼が電話をくれたとき、私はお風呂に入っていた。
I was taking a bath when he called me.
　　　　　A

2 昨日は TOEIC の勉強を頑張っていたんだったなぁ。
I was studying very hard for the TOEIC test yesterday.
　　　　　　　　　　　　　　　　　　　　　　　　　B

過去のある時点において、進行中だった動作を表す必要がある場合には過去進行形、そうでない過去のことについては過去形で表すのが自然です。
①は彼が電話をくれたまさにそのときに焦点を当てているので、「お風呂に入っていた」と過去進行形で表すのが適切です。when … という形に限らず、過去のどの時点であるかを明確にした上で、そのとき進行中だった動作について書く場合には、過去進行形で表しましょう。
②は、I studied very hard for the TOEIC test yesterday. と過去形で表すと、「昨日、TOEIC の勉強を頑張った」と単に前日の行動を述べているにすぎません。例文のように過去進行形の文にすると、ここ数日の様子を思い浮かべる中で、「昨日について言えば、TOEIC の勉強を頑張っていたんだったなぁ」と、過去のある時点での状況を振り返る感じを出すことができます。I was living in Los Angeles at this time last year. なら、「去年のこの時期は(それ以外の時期のことはともかく)、ロサンゼルスにいたんだったなぁ」というニュアンスになります。

入れ替え表現集

A、Bはそれぞれ、上の例文の下線部との入れ替えが可能です。

[**A**]

掃除機をかけていた　was vacuuming
うたた寝していた　was taking a nap
ちょうど彼のことを考えていた　was just thinking about him
玄関へ来客の応対に出ていた　was answering the door
車の鍵を探していた　was looking for my car keys
好きなテレビ番組を見ていた
was watching my favorite TV show
新しいパソコンに悪戦苦闘していた
was struggling with my new PC

[**B**]

先週　last week
午前中　this morning
夕食後　after dinner
昨夜の就寝前　before bedtime last night
昨年の夏　last summer
ゴールデンウィークの間　during the Golden Week holidays

真弓の一言　I like it when you smile. I love it when I am the reason.

日記を書こう！

「例えばこう書く」と左ページの「入れ替え表現集」を参考に日記を書いてみましょう。1文だけでも構いませんが、余裕のある人は少し書き足してみてもいいでしょう。

例えばこう書く

6月21日（金）

夕食後、新聞を読んでいた。パンケーキに関する記事を見つけた。明日の朝食にはパンケーキを食べたいなぁ！

→

Fri., June 21

I was reading the newspaper after dinner. I found an article on pancakes. I feel like having pancakes for breakfast for tomorrow!

語注 article：記事　pancake：パンケーキ、ホットケーキ　feel like -ing：…したい気分だ

Date:

☐ happy　☐ sad　☐ angry　☐

真弓の一言 あなたの笑顔が好き。私のことを思って笑顔になるときはもっと好き。

1 文法・語法のギモン

2 「日→英」変換術

3 似た表現の使い分け

4 こなれたネイティブ表現

現在完了進行形 See also ▶ P. 124

「（ずっと）…している」

Q 現在完了進行形のニュアンスが今ひとつつかめません。どういう状況を表すものですか？

こんなふうに使います

1 このところ残業が続いている。
I've been <u>working overtime</u> lately.
　　　　　　　　A

2 先週からずっと雨だなぁ。
It has been <u>raining</u> since last week.
　　　　　　　B

A 現在完了進行形（have<has> been ＋動詞の -ing 形）は、過去のある時点から現在も継続している動作について「（ずっと）…している」と表すときに用います。そのため、lately（最近）、for ...（…の間ずっと）、since ...（…からずっと）などの期間を表す語句をしばしば伴います。

①の例文を現在進行形の I'm working overtime. と比べてみましょう。携帯電話に届いた「今何してる？」という友人からのメールに、「残業中！」と返すなら現在進行形です。一方、「このところずっと残業でさ…」と書くなら①の現在完了進行形が適切です。現在完了進行形には、「もうずっと…している＜だ＞」とうんざりしたニュアンスを表す働きもあります。

別の例でも見てみましょう。窓の外の雨を見ながら、「雨だわ。うちの子、びしょ濡れで帰ってくるだろうなぁ」と視点を今に置いて書くなら、It is raining.（雨が降っている）と現在進行形で表します。「今日も雨かぁ。早く洗濯物を外で乾かしたい！」とここ数日に視点を置くなら、②のように、現在完了進行形で表す方が適切です。

入れ替え表現集

A、Bはそれぞれ、上の例文の下線部との入れ替えが可能です。

[A]

早起きをしている　getting up early
転職を考えている　thinking about changing my job
試験のために猛勉強している　working hard for the exam
自転車で通勤している　riding my bike to work
健康に気を付けている　paying attention to my health
炭水化物を控えている　cutting back on carbohydrates
たばこをやめようと努力している　trying to quit smoking

[B]

大雪が降っている　It has been snowing heavily
その噂は広まっている　The rumor has been circulating
彼らはお互いを無視し合っている
They've been ignoring each other
トム・クルーズは日本に滞在している
Tom Cruise has been staying in Japan
桜が開花している　The cherry blossoms have been blooming

真弓の一言　Success is the result of hard work, good preparation and learning from failure.

日記を書こう！

「例えばこう書く」と左ページの「入れ替え表現集」を参考に日記を書いてみましょう。
1文だけでも構いませんが、余裕のある人は少し書き足してみてもいいでしょう。

例えばこう書く

2013年2月20日

ヒロコは最近、採用試験のために猛勉強している。だから私は彼女の邪魔をしないようにしている。頑張れ、ヒロコ！

→

Feb. 20, 2013

Hiroko has been working really hard for her recruitment assessment lately. So, I've been trying not to bother her. Good luck, Hiroko!

語注 recruitment assessment：採用試験　try not to ...：…しないように心掛ける　bother ...：…の邪魔をする

Date: _____

☺ □ happy　☹ □ sad　😠 □ angry　○ □

真弓の一言 成功とは、勤勉、周到な準備、失敗から得た学びの結果である。

現在完了形と現在完了進行形　See also・P. 124

「…し続けている」

Q ある状態や動作が続いていることを「…し続けている」と書くには、現在完了形と現在完了進行形のどちらを使うべきですか？

こんなふうに使います

1 彼とは5年来の仲だ。
I've known him for five years.
　　　　　A

2 フランス語を勉強して2年になる。
I've been studying French for two years.
　　　　　　　　　B

 「継続」を表すのに、現在完了形と現在完了進行形のどちらを使うべきかは、動詞の種類によって異なり、どちらか一方が好まれたり、どちらでもあまり差はなかったりします。

　know（…を知っている）や have（…を持っている）などの「状態」を表す動詞で継続を表すには、①のように現在完了形を使うのが一般的です。

　「動作」を表す動詞で継続を表すには、現在完了進行形の方が向いています。「フランス語を2年勉強している」は、②の現在完了進行形なら、勉強開始から2年たった現在も、勉強中であることが明確に表せますが、現在完了形の I've studied French for two years. では、学習は完了し、今はもう勉強していないとも解釈できます。

　live（住んでいる）や work（勤務している）など、日常の習慣を表す動詞は、どちらを用いてもニュアンスはほぼ変わりません。

　なお①②の例文では平板に訳していますが、「彼とはもう5年来の仲だなぁ」「フランス語を勉強してもう2年かぁ」のように、これまでを振り返るニュアンスで覚えておくと、日記に使いやすくなりますよ。

入れ替え表現集

A、Bはそれぞれ、上の例文の下線部との入れ替えが可能です。

[A]

ゴルフに夢中だ　I've been into golf
あのジムの会員だ　I've been a member of that gym
経理部に所属している
I've belonged to the accounting department
彼女はダンサーだ　She's been a dancer
彼はあのバイクを所有している　He's owned that motorbike
うちの息子は宇宙人の存在を信じている
My son has believed in aliens

[B]

ジョギングをしている　I've been jogging
テニスをしている　I've been playing tennis
料理学校に通っている　I've been going to a cooking school
彼女の娘は留学している
Her daughter has been studying abroad
彼はボランティア活動をしている
He's been doing voluntary work

真弓の一言　Don't talk, just act. Don't promise, just prove.

日記を書こう！

「例えばこう書く」と左ページの「入れ替え表現集」を参考に日記を書いてみましょう。1文だけでも構いませんが、余裕のある人は少し書き足してみてもいいでしょう。

例えばこう書く

4月19日（金）

ノリコに一日中電話を掛けているけど、ずっと出ない。彼女、また携帯電話を家に忘れたのかもしれないな。

→

Fri., Apr. 19

I've been calling Noriko all day, but she hasn't answered the phone. She might have left her cellphone at home again.

語注 all day：一日中　answer the phone：電話に出る　leave ... at home：…を家に置いていく、…を家に忘れる　cellphone：携帯電話

Date:

☺ □ happy　☹ □ sad　😠 □ angry　○ □

真弓の一言　口ではなく行動で示そう。約束ではなく証明して見せよう。

時制の一致 See also ▶ P. 126

「…だと思った、…だと気が付いた」

Q そのときに思ったことを振り返って I thought ... と書こうとすると、その後の内容をどういう時制で表すべきかわからなくなってしまいます。

こんなふうに使います

1 1週間も休みを取るなんて無理だと思った。
I thought it was impossible to take a week off.
　　　　　　　　　A

2 何かまずいことを言ってしまったのだと気が付いた。
I realized I had said something wrong.
　　　　　　　　B

A I thought (that) ... は、過去のある時点での考えや意見について書くのに便利な表現ですね。that は省略可能ですが、その後に続く節（下線部 A）では、動詞の時制に注意が必要です。

①の例文は、It's impossible to take a week off.（1週間も休みを取るなんて無理だよな）という思いが頭をよぎったときのことを、振り返って述べているので、現在形の it's impossible も it was impossible と過去形に一致させる必要があります。進行形も同様で、「彼は本当のことを話しているな（He's telling me the truth）」と思ったときのことなら、I thought he was telling me the truth. と現在進行形を過去進行形に変えればOKです。

②の realize(d) は「…だと気が付く」を意味する動詞で、物事の重要性や現実を認識するようなときに使います。「（何かまずいことを）言った」のはそれに気が付く前なので、ここでは said を had said と過去完了形にします。

will、can、have to など助動詞も、時制を一致させる必要がある場合には、would、could、had to と過去形に変えます。過去形がない should は、そのままの形で用います。

入れ替え表現集

A、Bはそれぞれ、上の例文の下線部との入れ替えが可能です。

[A]

その男性は彼女のお父さんだ　the man was her father
チハルは英語の教師になることについて本気だ
Chiharu was serious about becoming an English teacher
彼女の両親は横浜に住んでいる　her parents lived in Yokohama
そのカメラは手頃な値段だ　the camera was affordable
彼らはお似合いのカップルになるだろう
they would make a good couple
彼女と私は話し合うべきだ　she and I should talk things over

[B]

彼女は私のメールを読んでいなかった
she hadn't read my e-mail
曲がる場所を間違えた　I had made a wrong turn
彼は新しい眼鏡を掛けている　he was wearing new glasses
彼女の声がかれている　her voice was hoarse
おじいちゃんは体調が良くない
Grandpa wasn't feeling well

真弓の一言 Thank you for noticing that there were tears behind my smile.

 # 日記を書こう！

「例えばこう書く」と左ページの「入れ替え表現集」を参考に日記を書いてみましょう。1文だけでも構いませんが、余裕のある人は少し書き足してみてもいいでしょう。

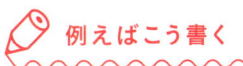 例えばこう書く

10月5日　土曜日	Sat., October 5
キョウコとランチに出掛けた。デザートの直前、彼女が急に黙り込んだ。何かまずいことを言ってしまったのだと気が付いた。自分の発言に気を付けなくちゃ。	I went out for lunch with Kyoko. Just before the dessert, she suddenly became quiet. I realized I had said something wrong. I need to be careful with what I say.

 語注　go out for ...：…に出掛ける　suddenly：突然　become quiet：静かになる、黙り込む　be careful with ...：…に気を付ける　what I say：（自分が）言うこと、自分の発言

Date: _____

☐ happy　☐ sad　☐ angry　☐

真弓の一言　笑顔の裏に隠していた涙に気づいてくれてありがとう。

25

仮定法過去と仮定法過去完了 See also ▶ P. 126、127

「…だったら〜」

Q 「(今)もし…だったら」という仮定は過去形で表すと習いました。だとすると、過去における仮定はどのように表現しますか？

こんなふうに使います

1 明日仕事が休みなら、コンサートに行けるのに。
If <u>tomorrow was my day off</u>, I could go to the concert.
　　　A

2 昨日仕事が休みだったら、コンサートに行けたのに。
If <u>yesterday had been my day off</u>, I could've gone to the concert.
　　B

A 現実とは反対のことや起きる可能性が限りなく低い現在または未来のことについて、「もし…だったら〜する<できる><かもしれない>のに」と述べるには、「If ＋ 主語 ＋ 動詞の過去形，主語 ＋ would<could> <might> ＋動詞の原形」の仮定法過去を使います。tomorrow のような未来を表す語と過去形の動詞とが混在することもあり、違和感を覚えるかもしれませんが、間違いではありません。①の「明日仕事が休みなら、コンサートに行けるのに」は、「休みではないので行けない」という現実の裏返しです。

過去における「(あの時)もし…だったら〜した<できた><かもしれなかった>のに」という仮定は、「If＋主語＋had＋動詞の過去分詞形，主語＋ would've<could've><might've> ＋動詞の過去分詞形」と仮定法過去完了で表します。②の「昨日仕事が休みだったら、コンサートに行けたのに」は、「昨日は休みではなかったので行けなかった」という過去の事実の裏返しですね。

入れ替え表現集

A、Bはそれぞれ、上の例文の下線部との入れ替えが可能です。

[A]

チケットを持っていれば　I had a ticket
遅番でなければ
didn't have to work the late shift
木曜日だったら　it was<were> Thursday
給料日の後だったら　it was<were> after payday
弟の結婚式と同じ日じゃなければ
it wasn't<weren't> the same day as my brother's wedding

[B]

チケットが手に入っていたら　I had gotten a ticket
チケットをなくしていなかったら　I hadn't lost my ticket
バンドが解散していなかったら　the band hadn't broken up
うちの地元でやっていたら　it had been in my hometown
彼らが日本に来ると知っていたら
I had known they were coming to Japan
うちの会社の忙しい時期でなかったら
it hadn't been a busy time for our business

真弓の一言　You make mistakes? That means you are really trying.

日記を書こう！

「例えばこう書く」と左ページの「入れ替え表現集」を参考に日記を書いてみましょう。1文だけでも構いませんが、余裕のある人は少し書き足してみてもいいでしょう。

例えばこう書く

7月14日　日曜日

今日渋谷で、外国人の観光客に道を聞かれた。もっと英語を勉強していたら、彼女の役に立てたのに。

→

Sunday, July 14

I was asked for directions by a foreign tourist in Shibuya today. If I had studied English more, I could've helped her.

語注　be asked for ... : …を求められる　directions : 道順、行き方

Date: _____

☐ happy　☐ sad　☐ angry　☐

真弓の一言　ミスすることもある？　それは挑戦している証拠だよ。

直接話法と間接話法①

「〜に…しなさいと言った」

Q 「息子に早く寝るように言った」などと書くとき、said と told のどちらを使っても違いはありませんか？

こんなふうに使います

1 息子に、「早く寝なさい」と言った。
I said to my son, "Go to bed early."
　　　　　　　　　　　A

2 息子に早く寝るように言った。
I told my son to go to bed early.
　　　　　　　　B

A 発言を直接引用するには、①のように、発言を引用符(" ")ではさんで「said to 〜 , "..."」と表します。発言内容を間接的に言い換えるなら、「told 〜 ...」の形を用います。前者を直接話法、後者を間接話法と言います。発言を強調する必要がない限り、後者で表すのが好まれます。

「〜に『…しなさい』と言った」という直接話法を「〜に…するように言った」という間接話法にするには、②の「told 〜＋to＋動詞の原形」の形を使います。My wife said to me, "Don't drink too much."（妻は私に「飲み過ぎないでね」と言った）のような禁止は、「told 〜＋not to＋動詞の原形」の形で表せます。つまり、My wife told me not to drink too much. です。not の位置に注意してください。

ちなみに「彼女は帰りに牛乳を買ってくるよう私に頼んだ」のような依頼は、She asked me to get some milk on the way home. と「asked 〜＋to＋動詞の原形」の形で表します。受け身の I was told to ...（…するように言われた）、I was asked to ...（…するように頼まれた）も覚えておくといいですよ。

入れ替え表現集

A、Bはそれぞれ、上の例文の下線部との入れ替えが可能です。

[A]

「服を着替えなさい」　"Change your clothes."
「夕食前にお菓子を食べないで」
"Don't eat snacks before dinner."
「家の手伝いをしなさい」　"Do your chores."
「学校に余裕を持って着くようにしなさい」
"Get to school in plenty of time."
「弟をからかうのをやめなさい」　"Stop teasing your brother."

[B]

服を着替えるように　to change his clothes
夕食前にお菓子を食べないように
not to eat snacks before dinner
家の手伝いをするように　to do his chores
学校には余裕を持って着くように
to get to school in plenty of time
弟をからかうのをやめるように　to stop teasing his brother

真弓の一言 True love never ends no matter what happens.

日記を書こう！

「例えばこう書く」と左ページの「入れ替え表現集」を参考に日記を書いてみましょう。1文だけでも構いませんが、余裕のある人は少し書き足してみてもいいでしょう。

例えばこう書く

2013年8月13日

娘は今夜も帰りが遅かった。夫は門限を設けるべきだと考えている。彼女には明日はもっと早く帰るように言っておいた。

→

Aug. 13, 2013

My daughter came home late again tonight. My husband thinks we should set a curfew for her. I told her to come home earlier tomorrow.

語注 come home late：遅い時間に帰宅する　set a curfew for ...：…に門限を設定する

Date:

☐ happy　☐ sad　☐ angry　☐

真弓の一言　何が起ころうとも、真の愛に終わりはない。

9 直接話法と間接話法② See also・P. 126

「〜が…と言った」

Q 友だちに髪形を褒められたことを日記に書こうとして挫折しました。人に言われたことを再現して書くとき、代名詞や時制はどうなりますか？

こんなふうに使います

1 ミナが私に、「新しい髪形が似合っているね」と言った。
Mina said to me, "Your new hairstyle suits you."
　　　　　　　　　　　　　A

2 ミナが私に、新しい髪形が似合っていると言った。
Mina told me my new hairstyle suited me.
　　　　　　　　B

A 人に言われたことも、直接話法(P. 28)なら、①の例文のように相手の発言を引用符(" ")ではさめば OK です。

　問題は間接話法(P. 28)ですね。例えば①の例文を間接話法に変換するには、まず Mina said to me を Mina told me (that) に変えます(that は省略可)。その後に自分の言葉に置き換えた発言の内容を続けますが、特に代名詞と時制には注意が必要です。自分から見れば、①の "Your new hairstyle suits you." の Your は my、you は me のことですね。また、メインの動詞(ここでは told)が過去形の場合は、発言部分の時制も変更が必要です。引用符内の時制が現在形の場合は過去形に、過去形または現在完了形なら過去完了形(「had ＋動詞の過去分詞形」)にします。ここでは現在形の suits なので、過去形の suited にすればいいですね。

　例えば、He said to me, "I'll pick you up at six."（彼は私に「6時に迎えに行くよ」と言った）を、「彼は私に6時に迎えに来ると言った」という間接話法に変換すると、He told me (that) he would pick me up at six. となります。

入れ替え表現集

A、Bはそれぞれ、上の例文の下線部との入れ替えが可能です。

[A]
「本当に申し訳なく思う」　"I'm really sorry."
「私もうれしい」　"I'm happy for you."
「私のせいじゃない」　"It's not my fault."
「その映画を見るべき」　"You should see the movie."
「あなたはお母さんにそっくりね」
"You're a carbon copy of your mother."
「これまで一度も料理をしたことがない」
"I've never cooked before."

[B]
彼女は申し訳なく思っている　she was really sorry
彼女もうれしい　she was happy for me
自分のせいじゃない　it wasn't her fault
その映画を見るべき　I should see the movie
私は母にそっくりだ　I was a carbon copy of my mother
これまで一度も料理をしたことがない
she had never cooked before

真弓の一言　Take a moment and appreciate things you take for granted.

 # 日記を書こう！

「例えばこう書く」と左ページの「入れ替え表現集」を参考に日記を書いてみましょう。1文だけでも構いませんが、余裕のある人は少し書き足してみてもいいでしょう。

例えばこう書く

9月19日（木）

エミが、彼女とご主人は来年シアトルに引っ越すと話してくれた。寂しくなるなぁ。

→

Thu., Sep. 19

Emi told me she and her husband would move to Seattle next year. I'll miss her.

語注 miss ...：…がいなくて寂しく思う

Date:

☐ happy ☐ sad ☐ angry ☐

真弓の一言 ちょっと立ち止まって、当たり前だと思っていることに感謝しよう。

名詞と数量　See also・P. 130

「…個の、…組の、いくらかの」

Q 「ジーンズを2本買った」を I bought two jeans. と書いたら、直されたことがあります。ジーンズは「1本、2本…」のように数えられるのにどうして？

こんなふうに使います

1 図書館から本を3冊借りた。
I borrowed <u>three books</u> from the library.
　　　　　　　　A

2 ジーンズを2本買った。
I bought <u>two pairs of jeans</u>.
　　　　　　　B

 例文①の book(s)（本）のような数えられる名詞は、「数字＋名詞」の形で表すことができます。1つのように見えても、実際には2つの構成要素から成るもの、あるいは決まった形を持たない物質などは、単位となる語句を数字と一緒に用います。例えば、jeans（ジーンズ）、shoes（靴）、glasses（眼鏡）のように左右で対になるものは、(a) pair of ... を単位にして、a pair of ...（1組の…）、two pairs of ...（2組の…）と数えます。

furniture（家具）、information（情報）などの数えられない名詞には、a piece of furniture（家具1つ）、10 pieces of information（10の情報）のように (a) piece of ... を用います。

ご飯や水など一定の形を持たない物は、a bowl of rice（ご飯1杯）、two glasses of water（水を2杯）のように容器を単位として数えることができます。

some ...（いくらかの…）、a lot of ...（たくさんの…）を使えば、明確な数字を用いることなく数量を表すことができます。どちらも「...」には、数えられる名詞の場合は複数形、数えられない名詞の場合は単数形が入ります。

入れ替え表現集

A、Bはそれぞれ、上の例文の下線部との入れ替えが可能です。

[A]

ホテルから傘を1本　an umbrella from the hotel
ウエーターから電卓とペン
a calculator and a pen from a waiter
兄からキャンプ旅行のために寝袋2つとテント1つ
two sleeping bags and a tent from my brother for our camping trip
ケイコからいくらかお金　some money from Keiko

[B]

両親のために塗り箸を2膳
two pairs of lacquered chopsticks for my parents
出張用に靴下を3足　three pairs of socks for my business trip
ヨガ教室用に楽ちんなパンツを1着
a pair of comfortable pants for my yoga class
会社に戻る途中、コーヒーを1杯
a cup of coffee on the way back to the office
そのカタログで家具を何点か
several pieces of furniture from the catalog

真弓の一言　Take responsibility for what you say.

 **日記を書こう！**

「例えばこう書く」と左ページの「入れ替え表現集」を参考に日記を書いてみましょう。1文だけでも構いませんが、余裕のある人は少し書き足してみてもいいでしょう。

 例えばこう書く

10月7日（月）	Mon., October 7
最近、カタログショッピングにはまっている。今日もブーツ1足とセーターを1枚注文しちゃった。先月なんていくつか家具も買ったし。金欠なのも当然ね。	I've been hooked on catalog shopping lately. I ordered a pair of boots and a sweater today. I bought several pieces of furniture last month, too. It's no wonder I'm broke.

語注 be hooked on ... : …にはまっている、…に夢中である　catalog shopping：カタログショッピング　boots：ブーツ。数えるときは a pair of ... を用いる　It's no wonder ... : …なのは当然である　broke：金欠の。口語表現

Date: ＿＿＿＿＿＿＿＿＿＿＿＿＿＿＿＿＿＿＿＿＿＿＿＿

☐ happy　☐ sad　☐ angry　☐

真弓の一言 自分の言葉に責任を持とう。

形容詞と副詞　See also ▸ P. 133、135

「上品な／上品に」

Q elegant や heavy といった形容詞の使い方はわかりますが、elegantly や heavily など、-ly のつく語がなかなか使いこなせません。

こんなふうに使います

1 彼女は上品な作法だった。
She had **elegant manners**.
　　　　　　　A

2 彼女は上品に話した。
She **spoke elegantly**.
　　　　　B

A 形容詞の elegant（上品な）は、①の例文では、名詞（manners）について「どんな○○か」を説明しています。また Her manners were elegant.（彼女の作法は上品だった）のように、主語を説明することもあります。

「-ly の付く語」とは副詞のことですね。②の elegantly（上品に）は、動詞 spoke について「どのように話したか」を説明しています。「どのように…」と様子を表す副詞は動詞（＋目的語）の後に、「どのくらい…」と程度（strongly、really など）を表す副詞は、原則として動詞の前に置きます。

形容詞 heavy は「重い＜激しい＞」という意味です。例えば「今朝はすごい雨だったなぁ」は、We had heavy rain this morning. と表せます。一方「重く＜激しく＞」という意味の副詞 heavily で、It rained heavily this morning.（今朝は激しく雨が降った）と表すこともできます。

副詞には elegantly のように、形容詞（elegant）に -ly を付けた形のものが多くありますが、hardly（hard + -ly）の意味は「難しく、つらく」ではなく「ほとんど…ない」だったり、fast のように形容詞と副詞が同形のものもあったりするので、注意が必要です。

入れ替え表現集

A、Bはそれぞれ、上の例文の下線部との入れ替えが可能です。

[A]
美しい声（の持ち主だった）　a beautiful voice
本物の音楽の才能（があった）　a real talent for music
強い意志（を持っていた）　a strong will
物静かな性格（だった）　a quiet personality
そのインフルエンザの典型的な症状（があった）
typical flu symptoms

[B]
あの歌を見事に歌う　sings that song beautifully
モーツァルトの音楽を本当に愛している
really loves the music of Mozart
そのレストランを強く勧めた
strongly recommended the restaurant
静かに座っていた　was sitting quietly
大体は朝食を抜く　typically skips breakfast

真弓の一言　A smile is contagious.

Let's write! 日記を書こう！

「例えばこう書く」と左ページの「入れ替え表現集」を参考に日記を書いてみましょう。1文だけでも構いませんが、余裕のある人は少し書き足してみてもいいでしょう。

✐ 例えばこう書く

6月11日　火曜日	Tue., June 11
カレンからEメールが届いた。彼女から連絡をもらうのはいつだってうれしい。彼女には素晴らしいユーモアのセンスがある。彼女ならコメディアンになれるって本気で思うわ。	I got an e-mail from Karen. It's always good to hear from her. She has a brilliant sense of humor. I honestly believe she could be a comedian.

語注 get an e-mail from ... : …からのメールを受け取る　brilliant：素晴らしい、見事な。形容詞　sense of humor：ユーモアのセンス　honestly：心から、本当に。副詞　comedian：コメディアン

Date :

☺ □ happy　☹ □ sad　😠 □ angry　○ □

真弓の一言　笑顔は広がっていく。

12 -ing形 と -ed形（過去分詞形）の形容詞

See also ▶ P. 133

「すごい／驚いた」

Q amazing と amazed、boring と bored のような、動詞の -ing 形 と -ed 形で表される形容詞の使い方に自信がありません。

こんなふうに使います

1 あの映画はすごかったなぁ。
The movie was **amazing**.
　　　　　　　　　　　A

2 あの映画には驚いたなぁ。
I was **amazed by the movie**.
　　　　　　B

A amazing、amazed のように、動詞から派生した、-ing 形 と -ed 形（過去分詞形）で表される形容詞は、使い方に注意が必要です。「文の主語（人・物）自体がそう思わせる存在の場合」には -ing 形を、「文の主語（人）がそう感じている場合」には -ed 形を使います。

例えば、①の The movie was amazing. は「その映画はすごかった」、②の I was amazed by the movie. は「私はその映画に驚かされた＝驚いた」という意味です。-ed 形にはもともと「…された」という受け身の意味があるので、前置詞 by で「…によって」とその感情の原因を表しますが、with や at などを用いることも可能です。各形容詞と相性の良い前置詞を、英和辞典で確認してみてください。

boring と bored の例でも見てみましょう。「彼って退屈」は、主語の「He」が退屈だと思わせる存在なので、He's boring. と -ing 形を使います。「彼は退屈していた」は、主語の「彼（He）」が退屈だと感じていた（＝退屈させられていた）ということなので、-ed 形の bored を用いて、He was bored. とすればいいですね。

入れ替え表現集

A、Bはそれぞれ、上の例文の下線部との入れ替えが可能です。

[A]
退屈だ　boring
刺激的だ　exciting
不愉快だ　disgusting
意外だ　surprising
見事だ　stunning
神経を逆なでする　upsetting
わかりにくい　confusing

[B]
彼の話に退屈した　bored with his story
その本に興奮した　excited about the book
その映画で不愉快になった　disgusted by the movie
彼の反応に驚いた　surprised at his reaction
その知らせにがくぜんとした　stunned by the news
彼女のEメールに腹が立った　upset with her e-mail
彼の助言に困惑した　confused about his advice

真弓の一言　If you need a shoulder to cry on, I'm here.

Let's write! 日記を書こう!

「例えばこう書く」と左ページの「入れ替え表現集」を参考に日記を書いてみましょう。
1文だけでも構いませんが、余裕のある人は少し書き足してみてもいいでしょう。

例えばこう書く

9月16日（月）

エリカが、彼と別れたと話してくれた。すごくびっくりした。彼女によれば、彼は何度か浮気をしたとか。それって本当に最低！

→

Mon., September 16

Erika told me she had broken up with her boyfriend. I was really shocked. According to her, he had cheated on her more than once. That's so disgusting!

語注 break up with ...：(恋人、夫婦など) と別れる　shocked：驚いて、ショックを受けて。動詞 shock の -ed形　according to ...：…によれば　cheat on ...：…を裏切る、…をだます。特に恋人や夫婦の間では「浮気」を意味する　more than once：一度ならず、何度か

Date: _____

□ happy　□ sad　□ angry　□

真弓の一言 泣きたいときには肩を貸すからね。

13 副詞に見えない副詞 See also ▶ P. 135

「家に、家へ」

Q home は「家」という意味の名詞なのに、なぜ go to home ではなくて go home なのですか？

こんなふうに使います

1 今夜は彼女を家まで送った。
I drove her **home** tonight.
　　　　　　A

2 留学したいなあ。
I want to study **abroad.**
　　　　　　　B

A home は確かに「家」を意味する名詞ですが、drive のような方向性を伴う動詞とともに用いる場合には「家に、家へ」を意味する副詞として使われます。その際、to や in といった前置詞は必要ありません。drive home のほかに、get home（家に着く）、go home（帰宅する、帰国する）、write home（家に手紙を書く）などの形でも使われます。be home（家にいる）や on the way home（帰宅途中に）も覚えておくといいですね。

home のほかにも、upstairs（上の階へ＜で＞＜に＞）、downstairs（下の階へ＜で＞＜に＞）、abroad / overseas（海外へ＜で＞＜に＞）、downtown（繁華街で＜に＞）なども、副詞として使われることが多い単語です。They had two bathrooms upstairs.（彼らの家には2階に2つバスルームがあった）、I want to live abroad＜overseas＞.（海外に住みたいな）という具合に使います。

また、there（そこへ＜で＞＜に＞）や here（ここへ＜で＞＜に＞）も副詞なので to は不要です。I went to there.（×）や He came to here.（×）などとしないように気を付けましょう。

入れ替え表現集

A、Bはそれぞれ、上の例文の下線部との入れ替えが可能です。

[A]

家にいた　stayed home
遅い時間に帰宅した　came<got> home late
家に手紙を書いた　wrote home
家に仕事を持ち帰らずにすんだ　didn't have to bring work home
1階で寝る　(I)'m going to sleep downstairs

[B]

繁華街に住む　live downtown
2階に冷蔵庫を置く　have a refrigerator upstairs
カウチを下の階に運ぶ　move the couch downstairs
海外に別荘を購入する
buy a second home overseas<abroad>
どんな感じか(試しに)会社から家まで歩いて帰ってみる
see what it's like to walk home from the office

真弓の一言　If you don't do it now, when will you?

Let's write! 日記を書こう！

「例えばこう書く」と左ページの「入れ替え表現集」を参考に日記を書いてみましょう。
1文だけでも構いませんが、余裕のある人は少し書き足してみてもいいでしょう。

例えばこう書く

2013年4月28日

ボストンでの2日目。私たちは繁華街に出掛けた。ある骨董店で美しい肘掛けイスに心を奪われた。

→

Apr. 28, 2013

This is our second day in Boston. We went downtown. I fell in love with a beautiful armchair at an antique shop.

語注 fall in love with ...：…に心を奪われる、…と恋に落ちる　armchair：肘掛けイス　antique shop：骨董店

Date: _____

☐ happy　☐ sad　☐ angry　☐

1 文法・語法のギモン
2 「日→英」変換術
3 似た表現の使い分け
4 こなれたネイティブ表現

真弓の一言　今やらずにいつやる？

14 不定詞と動名詞　See also ▶ P. 128

「…すること」

Q 動詞の直後に「to ＋動詞の原形」が続く場合と、-ing 形が続く場合がありますが、どちらのパターンなのか見分ける方法を教えてください。

こんなふうに使います

1 毎日３キロ歩くことにした。
I decided **to walk three kilometers every day.**
　　　　　　　A

2 私たちは何時間もおしゃべりをし続けた。
We **kept chatting for hours.**
　　　　　B

A 不定詞(to ＋動詞の原形)か、動詞の -ing 形を続けるべきかの見分け方のようなものは、残念ながらありません。一つ一つ覚えるしかないですね。
　例えば①の decided (decide)は直後に不定詞を続けます。hope、plan、expect、promise、agree などの動詞もこのタイプです。②の kept (keep)は、直後に動詞の -ing 形を続けます。enjoy、finish、practice、mind、give up、quit、stop などはこのタイプです。like、love、begin、start、continue などは、不定詞と -ing 形のどちらも続けることができ、しかも意味は変わらないというタイプです。
　forget は通常、不定詞を続けて「…し忘れる」を表します。「forget ＋動詞の -ing 形」は「…したことを忘れる」と意味が変わるので要注意です。stop は -ing 形を続けると「…するのをやめる」という意味ですが、「stop ＋不定詞」は「…するために立ち止まる」という意味になります。その他、「remember ＋不定詞」は「忘れずに…する」、「remember ＋動詞の -ing 形」は「…したことを覚えている」、「try ＋不定詞」は「…しようと試みる」、「try ＋動詞の -ing 形」は「…してみる」、という意味になります。

入れ替え表現集

A、Bはそれぞれ、上の例文の下線部との入れ替えが可能です。

[A]

新しいアパートがすぐに見つかることを願う
hope to find a new apartment soon
子どもたちをプールへ連れて行く約束をした
promised to take my kids to the swimming pool
キャンセル料を払うことに同意した
agreed to pay the cancellation charge
夏にスペインを訪れようと計画中だ
(I)'m planning to visit Spain this summer

[B]

その寿司屋での食事を楽しんだ
enjoyed dining at the sushi restaurant
そのアレルギー薬の服用をやめた
quit taking the allergy medicine
花壇を作るのをあきらめた　**gave up making a flowerbed**
消火器を使う練習をした　**practiced using fire extinguishers**
ジャンクフードを買うのをやめた　**stopped buying junk food**

真弓の一言 It's easy to polish your appearance, but true beauty comes from within.

Let's write! 日記を書こう！

「例えばこう書く」と左ページの「入れ替え表現集」を参考に日記を書いてみましょう。1文だけでも構いませんが、余裕のある人は少し書き足してみてもいいでしょう。

例えばこう書く

12月4日（水）

今夜は妻の帰りが遅くなる。彼女が忙しいときに、料理をするのは構わない。今回はクラムチャウダーを作ることにした。彼女の好物だからね。

→

Wed., Dec. 4

My wife will be home late tonight. I don't mind cooking when she is busy. I've decided to make clam chowder this time. That's her favorite.

語注 mind -ing：…するのを気にする、…するのを嫌だと思う　clam chowder：クラムチャウダー。魚介類と野菜を煮込んだスープ。clam は「アサリ」　favorite：好物

Date:

☐ happy　☐ sad　☐ angry　☐

真弓の一言　外見を磨くのは簡単。でも、本当の美しさは内面にある。

41

15 Whoで始まる疑問文の語順

「誰が…？／誰に…？」

Q Who で始まる疑問文には、直後に動詞が続くものと、疑問文が続くものがありますが、どう違うのですか？

こんなふうに使います

1 誰がそのことを彼に話したんだろう？
Who told him about it?
　　　　A

2 誰をパーティーに誘えばいいだろう？
Who should I invite to the party?
　　　　　　　　B

A Who で始まる疑問文には Who said that?（誰がそんなことを言ったのだろう？）のように疑問詞（この場合は Who）の直後に動詞が続くものと、Who should I talk to?（誰に相談すればいいのだろう？）のように疑問文が続くものとがあります。

　Who が「誰が」という文の主語の場合は、①の Who told him about it? のように「Who ＋動詞＋?」の形で表します。

　一方、who が「誰に」、「誰を」「誰と」といった目的語を表す場合は、②の Who should I invite to the party? のように「Who ＋疑問文＋?」の形で表します。

　このルールは、Who 以外の疑問詞にも当てはまります。例えば、「何が彼女を怒らせたのかな？」なら、What は「何が」という主語なので「What ＋動詞＋?」で、What made her angry? とします。「何を食べたらいいんだろう？」なら、What は「食べる」という動詞の目的語なので、「What ＋疑問文＋?」の形、つまり、What should I eat? となります。

　自分自身への問い掛けなど、疑問文が入ると日記がイキイキとしてきます。どんどん使ってみましょう。

入れ替え表現集

A、Bはそれぞれ、上の例文の下線部との入れ替えが可能です。

[A]

この写真を撮ったのか　took this photo
そんなルールを作ったのか　made such a rule
電子レンジを発明したのか　invented the microwave oven
次のアメリカ大統領になるのか　will be the next U.S. president
あのトヨタの CM で歌っているのか
(Who)'s the singer in the Toyota commercial?
彼女の大学の授業料を払っているのか
(Who)'s paying for her college education

[B]

彼女は(誰)とその映画に行ったのだろう
did she go to the movie with
彼は(誰)のことを話していたのだろう　was he talking about
彼らは次は(誰)と対戦するのだろう　will they face next
(誰)を信用すべきだろう　should I trust
あの騒音について(誰)に苦情を言えばいいのだろう
should I complain to about the noise

真弓の一言　Happiness is accepting what is.

Let's write! 日記を書こう！

「例えばこう書く」と左ページの「入れ替え表現集」を参考に日記を書いてみましょう。1文だけでも構いませんが、余裕のある人は少し書き足してみてもいいでしょう。

例えばこう書く

3月30日　土曜日

食事を与えて、毛の手入れもして、砂箱の掃除までして。でもうちのネコときたらそれを当たり前だと思ってるのよね。誰があの子を甘やかしたの？　私でしょうね。

→

Saturday, March 30

I feed him, groom him, and even clean his litter box. But my cat takes it for granted. Who spoiled him? I guess I did.

語注 feed ...：…に食べ物を与える　groom ...：…の手入れをする、…の身だしなみを整える　litter box：砂箱（ネコ用のトイレ）　take ... for granted：…を当たり前だと思う　spoil ...：…を甘やかす

Date: _____

☐ happy　☐ sad　☐ angry　☐

真弓の一言　幸せとは、ありのままを受け入れること。

16 接続詞 and

See also ▶ P. 137

「A そして B」

Q: 「彼女は気さくで笑顔がステキだった」を She was friendly and great smile. と書いたら、and の使い方が間違っていると言われました。正しい使い方とは？

こんなふうに使います

1 彼の万年筆はおしゃれでメタリックカラーだった。
His fountain pen was **stylish and metallic-colored**.
　　　　　　　　　　　　　　　A

2 私たちは食べたり飲んだり、おしゃべりをした。
We **ate, drank and chatted**.
　　　　　　B

A: 接続詞の and は、A and B の形で基本的に何でもつなげることができます。ただし、A と B は、同じ品詞でなくてはなりません。A が名詞なら B も名詞、A が形容詞なら B も形容詞、A が動詞(句)なら B も動詞(句)という具合です。

例えば、①の例文では、形容詞の stylish と metallic-colored が、この A と B の関係にあります。My mother and I like traveling.（母と私は旅行が好きだ）なら、A が My mother で B が I です。また、I cleaned the kitchen and my husband washed his car.（私は台所の掃除をし、夫は洗車をした）のように、文と文をつなぐこともできます。She was friendly and great smile. では、A が friendly（気さくな）という形容詞で、B が (great) smile（[すてきな]笑顔）という名詞のため、品詞が異なります。正しくは She was friendly and had a great smile. ですね。

さらに、「A, B and C」と3つ以上のものをつなげることも可能です。②の場合は、ate が A、drank が B、chatted が C というわけです。

入れ替え表現集

A、B はそれぞれ、上の例文の下線部との入れ替えが可能です。

[A]

アンティークで舶来品だった　antique and imported
珍しくて手作りだった　rare and handcrafted
どこにでもあり安価だった　ordinary and inexpensive
最高級で高性能だった　high-end and high-spec
おじとおばからの誕生日プレゼントだった
a birthday gift from his uncle and aunt
その美しさと希少性で評価されていた
valued for its beauty and rarity

[B]

対戦相手に向かって叫んだり、ブーイングをしたり、やじを飛ばした
shouted, booed and jeered at the opponents
シーフードピザとサラダとデザートを注文した
ordered seafood pizza, a salad and some dessert
市内観光、温泉、地元の料理を満喫した
enjoyed city sightseeing, hot springs and local cuisine
動物園と博物館とタワーを見て回った
toured the zoo, the museum and the tower

真弓の一言 Be elegant inside and outside.

44

Let's write! 日記を書こう！

「例えばこう書く」と左ページの「入れ替え表現集」を参考に日記を書いてみましょう。
1文だけでも構いませんが、余裕のある人は少し書き足してみてもいいでしょう。

例えばこう書く

11月3日　日曜日	Sunday, November 3
博物館のエジプト美術展を見に行った。何もかもが豪華で神秘的だった。最も印象的だった作品は、エメラルドと真珠が付いた古代の指輪だった。	I went to see the Egyptian art exhibition at the museum. Everything was gorgeous and mysterious. The most impressive piece was an ancient ring with emeralds and pearls on it.

語注　Egyptian：エジプトの　art exhibition：美術展　museum：博物館　gorgeous：豪華な　mysterious：神秘的な
impressive：印象的な　piece：一点、一品　A with B on it：B が付いている A　emerald：エメラルド　pearl：真珠

Date：　　　　　　　　　　　　　　　　☐ happy　☐ sad　☐ angry　☐

真弓の一言　内面も外面も上品に。

17 否定＋or　See also・P. 137

「AもBも…ない」

Q 英語の得意な友人が「AもBも…ない」は「not A or B」だと言っています。「not A and B」ではダメなのでしょうか？

こんなふうに使います

1. デザートも飲み物も頼まなかった。
   I didn't order dessert or drinks.
   　　　　　　　A

2. ニューヨークにもロサンゼルスにも行ったことがない。
   I've never been to New York or Los Angeles.
   　　　　　　　　　　　　　B

A　「AもBも…だ」や「AもBも…ではない」という場合、日本語では肯定・否定に関わらず、「AもB」と表現しますね。一方英語では、肯定文なら「A and B」ですが、否定文では「not A or B」とします。

レストランで食事をしたけれど「デザートも飲み物も頼まなかった」と書くなら、①の I didn't order dessert or drinks. のように表します。この文は、I didn't order dessert. I didn't order drinks, either. (デザートは頼まなかった。飲み物も頼まなかった)とも置き換えられます。

②の I've never been to New York or Los Angeles. は not の代わりに never を使った否定の文ですが、考え方は not の否定文と同じで、and ではなく or を用います。

ちなみに、A and B が1つの意味を持つ場合は、たとえ否定文でも and を用います。例えば、drink and drive はひとかたまりで「飲酒する、そして運転する→飲酒運転する」という意味を表します。このような場合は、I don't drink and drive. (私は飲酒運転はしません)のように、否定文でも and を用いることを覚えておきましょう。

入れ替え表現集

A、Bはそれぞれ、上の例文の下線部との入れ替えが可能です。

[A]
コーヒーも紅茶も気分ではなかった　feel like coffee or tea
料理も掃除も苦ではなかった　mind cooking or cleaning
バスも電車も使いたくなかった　want to take a bus or a train
現金もカードも持ってきていなかった
have cash or my credit card with me
もう熱も頭痛もなかった　have a fever or headache anymore

[B]
彼女の夫にも子どもたちにも会ったことがない
seen her husband or kids
野球もサッカーもしたことがない　played baseball or soccer
「ジョーズ」も「E. T.」も見たことがない　seen "Jaws" or "E. T."
グリーンカレーもトムヤムクンも試したことがない
tried Thai green curry or tom yam kung
漫画にもアニメにもはまったことがない
been into comics or animation
海で泳いだことも潜ったこともない　swum or dived in the sea

真弓の一言　Don't look back on the past; look toward the future.

Let's write! 日記を書こう！

「例えばこう書く」と左ページの「入れ替え表現集」を参考に日記を書いてみましょう。
1文だけでも構いませんが、余裕のある人は少し書き足してみてもいいでしょう。

例えばこう書く

1月22日（火）

夫は出張中。息子は夜、バイトでいなくなる。ってことは、夕食の準備も後片付けもしなくていいんだわ！さ～て、何をしようかしら。

→

Tue., Jan. 22

My husband has been away on a business trip. My son will be out on his part-time job tonight. That means I won't have to cook dinner or do the dishes! Now, what am I going to do?

語注 be away on a business trip：出張で留守である　be out on *one's* part-time job：アルバイトで出掛けている　do the dishes：皿洗いをする

Date: _____

☐ happy　☐ sad　☐ angry　☐

真弓の一言　過去は振り返らず、未来を見よう。

HAVE A LITTLE BREAK .1

お店は"they"で「親近感」と「温かみ」をプラス！

英語は親近感を持たせた表現を好みますが、日本人英語学習者に、この感覚はなかなかピンと来ないところがあります。

例えば How late is the restaurant open?（レストランは何時まで営業していますか？）という問い掛けに、ネイティブスピーカーは They are open until 10 o'clock.（10時まで開いています）のように答えます。日本人の感覚からすると、「the restaurant が主語だから It is open until 10 o'clock. じゃないの？」と感じるのではないでしょうか。確かに It is ... は文法的に正しい答えです。ですが、特定の店や場所について述べる場合には、theyやwe、youなどを用いるのが英語流です。「レストラン」という場所を主語にするより、そこで働く「人」を意識して、They're ... とした方が、表現として温かみを感じませんか？

営業時間を直接お店に問い合わせる際には、How late are you open today?（今日は何時までやっていますか？）のように you を、答える際は、We're open until 10 o'clock.（10時まで営業しております）のように we を用いて表現した方が、How late is your shop open? や、Our shop is open until 10 o'clock. などと表現するよりグッと親近感が増します。

外食の感想を日記に書くことがあれば、Their food was just delicious!（[彼らの＝その店の]料理は本当においしかった！）、They serve the best Thai food in town.（[彼らは＝その店は]町一番のタイ料理を食べさせてくれる）のように、ぜひ表現してみてくださいね。

CHAPTER_02

なるほど!
「日→英」変換術

日本語で日記を書くように、
「めんどうだなぁ」「うらやましい!」「しょうがない」と、
英語でも気持ちをイキイキ表現してみませんか?

18 | I enjoyed ...、I had ...

「楽しかった」

Q 「楽しかった」と感想を書くときに、毎回、I enjoyed. を使ってしまいます。ほかに使える表現はありますか？

こんなふうに使います

1 （それは）楽しかった。
I enjoyed it.
　　　　　　A

2 楽しかった。
I had a good time.
　　　　　　　B

A 最初に一つ訂正しておきますが、「楽しかった」を I enjoyed. とするのは誤りで、正しくは I enjoyed it. です。動詞 enjoy は「…を楽しむ」という意味で、常に「…を」に当たる言葉を必要とする他動詞です。「…」には、①の it のような代名詞のほかに、I enjoyed the party. (パーティーを楽しんだ→パーティーは楽しかった) the party のように、具体的な内容を表す語を入れることができます。また、I enjoyed talking with him. のように、動詞の -ing 形を使って、「…できて楽しかった」と表したり、enjoy oneself で「楽しい時間を過ごす」と表現することもできます。

ネイティブスピーカーは②の I had a good time. (よい時を過ごした→楽しかった) もよく使いますね。good を great や wonderful といった形容詞に置き換えれば、幅広く応用できます。ちょっとくだけた表現に、I had fun. (fun は「楽しいこと」の意) があります。I had a ball <blast>. と言う人もいます。ball や blast は「楽しいこと、楽しい時間」という意味のスラングです。It was fun.、It was a blast. のように、I had の部分を It was と置き換えることも可能です。

入れ替え表現集

A、Bはそれぞれ、上の例文の下線部との入れ替えが可能です。

[A]

パーティー	the party
映画	the movie
食事	the meal
ご近所さんたちとのおしゃべり	a chat with my neighbors
家族の集まり	the family get-together
彼の両親と会えて	meeting his parents
彼女と旅行できて	traveling with her
（楽しい時間を過ごした）	myself

[B]

楽しかった	a great time
楽しかった	a fantastic time
楽しかった	a wonderful time
楽しかった	fun
すごく楽しかった	so much fun
楽しかった	a ball
楽しかった	a blast

真弓の一言 Live today as if it were your last.

Let's write! 日記を書こう！

「例えばこう書く」と左ページの「入れ替え表現集」を参考に日記を書いてみましょう。
1文だけでも構いませんが、余裕のある人は少し書き足してみてもいいでしょう。

✏️ 例えばこう書く

2月25日（月）

仕事の後、飲み会に参加した。ミチコも来た。何て珍しい！　楽しかったなあ。

→

Mon., February 25

I attended a drinking party after work. Michiko showed up, too. What a nice surprise! I had a great time.

語注 attend ...：…に出席する　drinking party：飲み会　show up：現れる、顔を出す　What a nice surprise!：何てうれしい驚きだろう！　親しい人に偶然出くわした際などに「何て珍しい」「何て奇偶」という意味で使われることもある

Date : _____

☺ □ happy　　😢 □ sad　　😠 □ angry　　○ □

真弓の一言　今日を最後の日と思って生きよう。

19 「最近…になってきた、最近…だなぁ」

It's getting ...、I get ...

Q 「最近暖かくなってきたなぁ」や「最近すぐ疲れるなぁ」といった気候や体調の変化などは、どのように表せばよいですか？

こんなふうに使います

1 最近暖かくなってきたなぁ。
It's getting **warm** these days.
　　　　　　　A

2 最近すぐに疲れるなぁ。
I get **tired** easily these days.
　　　　B

A 「最近暖かい」は It's warm these days. と述べることができますが、「最近暖かくなってきた」という変化は、①のように It's getting warm these days. と「be 動詞＋ getting ＋形容詞」の形で表せば OK です。この get は「（ある状態）になる」という意味ですが、進行形にすることで「少しずつその状態に変わりつつある」というニュアンスになります。「最近うちの子は怠けてきたなぁ」なら My son is getting lazy these days.、「最近ガソリンの価格が上がっているなぁ」なら The gas price is getting higher these days. といった具合に書くことができます。

②の I get tired easily these days. の get も同様です。「疲れている」と現在の状態を述べる I'm tired. に対し、「get ＋形容詞」の形を用いた I get tired. は「疲れている状態になる→疲れを感じる」というニュアンスです。これに、easily（すぐに、簡単に）という副詞を続けることで「すぐに疲れる」という意味になります。easily は、I easily get tired these days. のように、動詞の前に置くことも可能です。

入れ替え表現集

A、Bはそれぞれ、上の例文の下線部との入れ替えが可能です。

[A]

暑く　hot
蒸し暑く　muggy
涼しく　cool
肌寒く　chilly
夏らしく　summery
冬らしく　wintry
暗くなる（日が暮れる）のが早く　dark early

[B]

退屈する　bored
腹を立てる　upset
イライラする　annoyed
満腹になる　full
気が散る　distracted
落ち込む　depressed
物事にうんざりする　sick of things
子どもたちにイライラする　impatient with my kids

真弓の一言 Act bravely until you really feel brave.

Let's write! 日記を書こう！

「例えばこう書く」と左ページの「入れ替え表現集」を参考に日記を書いてみましょう。
1文だけでも構いませんが、余裕のある人は少し書き足してみてもいいでしょう。

例えばこう書く

8月3日（土）

テレビである少年と愛犬のテレビドラマを見た。終盤にかけて目が腫れるほど泣いた。最近涙もろいなぁ。

→

Sat., August 3

I saw a TV drama about a boy and his dog. I cried my eyes out toward the end. I get sentimental easily these days.

語注 cry *one's* eyes out：目が腫れるほど泣く　sentimental：涙もろい、感傷的な

Date :

☐ happy　☐ sad　☐ angry　☐

真弓の一言 勇敢になれるまで勇敢にふるまっていればいい。

53

20 be easy to ... / be hard to ...

「…しやすい／…しにくい」

Q 「…しやすい」「…しにくい」という表現は、どう表せばいいですか？
例えば、試乗した車について、「運転しやすかった」などと言う場合です。

こんなふうに使います

1 それは運転しやすかった。
It was <u>easy to drive.</u>
　　　　　　A

2 彼は話し掛けにくい人だ。
He is <u>hard to talk to.</u>
　　　　B

A 「…しやすい」や「…しにくい」は、easy（簡単な）や hard（難しい）を使って表すことができます。

「…しやすい」は「be 動詞＋ easy to ＋動詞の原形」の形で「…するのは簡単である」と表現します。例えば、試乗した車が「運転しやすかった」なら、①の例文のように It was easy to drive.（運転するのは簡単だった→運転しやすかった）とすれば OK です。この構文は、He is easy to talk to.（彼は話し掛けやすい人だ）や、This computer is easy to use.（このパソコンは使いやすい）のように、人にも人以外の描写にも使うことができます。

「…しにくい」は、easy を hard に替え、「be 動詞＋ hard to ＋動詞の原形」で「…するのが難しい」と表現すれば OK です。「彼は話し掛けにくい」なら②の He is hard to talk to.、「このパソコンは使いにくい」なら This computer is hard to use. という具合です。hard は difficult と入れ替え、He is difficult to talk to.、This computer is difficult to use. としても OK ですよ。

入れ替え表現集

A、Bはそれぞれ、上の例文の下線部との入れ替えが可能です。

[A]

操作しやすかった＜にくかった＞
<u>easy＜hard＞ to control</u>
見つけやすかった＜にくかった＞　<u>easy＜hard＞ to spot</u>
下取りに出しやすかった＜にくかった＞
<u>easy＜hard＞ to trade in</u>
維持しやすかった＜にくかった＞　<u>easy＜hard＞ to maintain</u>
清潔に保ちやすかった＜にくかった＞
<u>easy＜hard＞ to keep clean</u>

[B]

連絡を取りにくかった＜やすかった＞　<u>hard＜easy＞ to reach</u>
付き合いにくかった＜やすかった＞
<u>hard＜easy＞ to get along with</u>
笑わせにくかった＜やすかった＞　<u>hard＜easy＞ to make laugh</u>
感動させにくかった＜やすかった＞　<u>hard＜easy＞ to impress</u>
理解しにくかった＜やすかった＞　<u>hard＜easy＞ to understand</u>

真弓の一言　A collection of mistakes called experience will lead you to success.

Let's write! 日記を書こう!

「例えばこう書く」と左ページの「入れ替え表現集」を参考に日記を書いてみましょう。1文だけでも構いませんが、余裕のある人は少し書き足してみてもいいでしょう。

例えばこう書く

2013年10月12日

カオルからデジタルカメラを借りた。高性能なやつだ。取扱説明書を見てみたけど、わかりにくかった。週末までに使えるようになるかなぁ。

→

Oct. 12, 2013

I borrowed a digital camera from Kaoru. It's a high-spec one. I looked at the manual, but it was hard to understand. I wonder if I'll be able to use it by the weekend.

語注 digital camera：デジタルカメラ　high-spec：高性能の　manual：取扱説明書　I wonder if ...：…かなぁ。「…」の部分には文が入る

Date :

☐ happy　☐ sad　☐ angry　☐

真弓の一言　「経験」という名の失敗の集積が成功へと導く。

21 can't help ...、It's no use -ing

「仕方がない、しょうがない」

Q: 「仕方ないか…」とあきらめの気持ちを表したいのですが、いい表現はありますか？

こんなふうに使います

1 仕方がないな。
I can't help it.
　　　A

2 彼と議論してもしょうがない。
It's no use arguing with him.
　　　　　　　　B

A: 「仕方がない」に相当する最も一般的な英語表現は①の I can't help it. です。can't help ... は「…を避けられない」という意味で、it は状況を指します。It can't be helped. と受け身でも使われます。過去の状況について「仕方がなかった」と述べるなら、I couldn't help it. とすればOKです。Oh well, I can't help it. のように、直前に Oh well, を付けると「まあ、仕方ないか」というあきらめのニュアンスが出ます。

ほかに、自分の力ではどうにもならず受け入れざるを得ないという状況なら、I have no choice.（ほかに選択の余地はない）がピッタリです。これも、I had no choice. とすると、「仕方がなかった」と過去の状況について述べることができます。

②のように「It's no use ＋動詞の -ing 形」を使うと、「…してもしょうがない」とより具体的な状況を述べることができます。

ちなみに英米人は、同様の状況で、It just wasn't my day.（ただツイていなかっただけさ）、This isn't my day.（今日は運が悪いな）と運のせいにする人も多いようです。

入れ替え表現集

A、Bはそれぞれ、上の例文の下線部との入れ替えが可能です。

[A]
仕方がなかった（避けられなかった）　couldn't help it
仕方がない（ほかに選択の余地はない）　have no choice
仕方がなかった（ほかに選択の余地はなかった）　had no choice

[B]
彼を責めても　blaming him
もう一度やり直しても　starting over
後悔しても　regretting it
今ごろ彼女に謝っても　apologizing to her now
小さい子にそんなことを言っても
saying that sort of thing to a little child
またその話を持ち出しても　bringing that story up again
彼とよりを戻そうとしても　trying to get back with him
心配しても　worrying
物事のマイナス面ばかり見ても
looking only at the negative side of things
なぜそんなことが起きたのか尋ねても　asking why it happened

真弓の一言 I can't choose how I feel, but I can choose what I do about it.

Let's write! 日記を書こう！

「例えばこう書く」と左ページの「入れ替え表現集」を参考に日記を書いてみましょう。
1文だけでも構いませんが、余裕のある人は少し書き足してみてもいいでしょう。

例えばこう書く

5月27日（月）

部長とまた衝突してしまった。今までの上司とはうまくやれたのに、今回は違う。まあ、仕方がないよね。

→

Mon., May 27

I clashed with my boss again. I got along with my former bosses, but this time it's different. Oh well, I can't help it.

語注 clash with ...：（人）と衝突する　get along with ...：…とうまくやる　former：前の、かつての

Date : ＿＿＿＿＿＿＿＿＿＿

☐ happy　☐ sad　☐ angry　☐

真弓の一言　自分の感情は選べないけれど、対処の仕方は選択できるよ。

22 used to ...、現在完了

「…したことがある」

Q 「…したことがある」と経験を表すのに簡単な方法はありませんか？現在完了は難しくて…。

こんなふうに使います

1 彼女は海外に住んでいたことがある。
She used to live abroad.
　　　　　　　A

2 彼はテニスで優勝したことがある。
He's won a tennis championship.
　　　　　B

A ①の例文のように「used to ＋動詞の原形」を用いて表現する方法があります。これは「以前は…だった（が、今は違う）」や「以前はよく…した（が、今はもうしていない）」という意味で、過去の状態や頻繁にしていた行為を表すときに便利です。「…したことがある」という日本語と常に合致するわけではない点に注意しましょう。

「…したことがある」と経験を表す定番表現といえば、現在完了形(have<has>＋過去分詞形)ですね（②の He's は、He has の短縮形）。ただし現在完了形は、in 2005（2005年に）や in my high school days（高校時代に）といった過去の時を表す語句と一緒に用いることができません。

いつ経験したことなのかを述べる必要がある場合には、現在完了形ではなく、過去形の文で表しましょう。例えば②の例文を「彼は高校時代、テニスで優勝したことがある」と書く場合には、He won a tennis championship in his high school days. となります。現在完了形で（×）He's won a tennis championship in his high school days. とはしないように注意してください。

入れ替え表現集

A、Bはそれぞれ、上の例文の下線部との入れ替えが可能です。

[A]
留学していた　study abroad
レストランで働いていた　work at a restaurant
高校教師をしていた　be a high school teacher
私のおじと結婚していた　be married to my uncle
法律を学んでいた　study law
アメリカ人の男性と付き合っていた
have an American boyfriend
看護師になりたいと思っていた　want to become a nurse

[B]
何本か映画に出た　appeared in some movies
最優秀社員に選ばれた　been chosen as the best employee
心臓手術を受けた　had a heart surgery
料理人として訓練を受けた　trained as a cook
外資系企業で働いた　worked at a foreign company
ロッキー山脈でスキーをした　skied in the Rockies
アフリカを旅した　traveled Africa

真弓の一言 Be true to yourself.

Let's write! 日記を書こう！

「例えばこう書く」と左ページの「入れ替え表現集」を参考に日記を書いてみましょう。1文だけでも構いませんが、余裕のある人は少し書き足してみてもいいでしょう。

例えばこう書く

7月7日　日曜日

タケダさんは大好きなご近所さんの一人。70代で、いまだにすごくおしゃれ。彼女はヨーロッパで暮らしていたことがあるのだ。今日はきれいなマニキュアをしていたな。

→

Sunday, July 7

Takeda-san is one of my favorite neighbors. She's in her 70s and still so stylish. She used to live in Europe. She was wearing beautiful nail polish today.

語注　favorite：お気に入りの　stylish：おしゃれな、洗練された　in one's 70s<seventies>：70代で。「20代で」なら in one's 20s<twenties>　nail polish：マニキュア

Date: _____

☐ happy　☐ sad　☐ angry　☐

真弓の一言　自分自身に誠実に。

23 by mistake、carelessly

「…してしまった」

Q 「カップを割ってしまった」のような「…してしまった」というニュアンスはどう表せばいいですか？

こんなふうに使います

1 間違えて男性用の靴下を買ってしまった。
I bought men's socks by mistake.
　　　　　A

2 うっかり彼女にあのうわさを話してしまった。
I carelessly told her that rumor.
　　　　　　　　　　　　B

A 「…してしまった」という日本語は、動作の完了を表すほかに、意図していなかった好ましくない結果について述べるのに用いられることがあります。「カップを割ってしまった」は後者ですね。その場合、英語では大抵、I broke a cup.（カップを割ってしまった）のように、「…した」とシンプルに過去形で表現します。「…してしまった」というニュアンスを含むかどうかは、前後の文脈から判断できることがほとんどだからです。

「…してしまった」のニュアンスをどうしても明確に表現したい場合は、「意図したわけではない」という意味の表現を添えるとよいでしょう。①の by mistake（間違えて）や、②の carelessly（うっかり）がそれです。

そのほか、「（そうするつもりではなかったのに）…してしまった」という意思に反した行為は、「ended up ＋動詞の -ing 形」を用いて表現することもできます。「結局食べ過ぎてしまった」なら I ended up eating too much. という具合です。

入れ替え表現集

A、Bはそれぞれ、上の例文の下線部との入れ替えが可能です。

[A]
Lサイズのフライドポテトを頼んだ
ordered large-size French fries
彼女の手帳を持ち帰った　took her datebook home
食前に薬を服用した　took my medicine before eating
大事な書類をシュレッダーにかけた
shredded an important document
私用メールをクライアントに送った
sent a private e-mail to a client

[B]
ドアに鍵をかけずに出掛けた
left home without locking the door
車をへこませた　dented my car
すべての洗濯物を一緒に洗った
washed all my laundry together
お気に入りのドレスにシミを付けた　stained my favorite dress
日焼けした　got sunburned

真弓の一言 Tomorrow is another day.

Let's write! 日記を書こう！

「例えばこう書く」と左ページの「入れ替え表現集」を参考に日記を書いてみましょう。1文だけでも構いませんが、余裕のある人は少し書き足してみてもいいでしょう。

例えばこう書く

2月5日（火）

新しいクライアントに私用メールを送ってしまった！ 経理課のミホコに送るつもりだったのに。先方には電話でおわびをした。冷や汗かいちゃった。

→

Tue., Feb. 5

I sent a private e-mail to my new client by mistake! It was supposed to be for Mihoko in the accounting section. I made an apology to the client on the phone. I was in a cold sweat.

語注
be supposed to ...：…することになっている　accounting section：経理課　make an apology to ...：…におわびをする
be in a cold sweat：冷や汗をかく

Date: _____

☐ happy　☐ sad　☐ angry　☐

_____

_____

_____

_____

_____

_____

真弓の一言　明日があるさ。

24 It's a bother.

「面倒くさい」

Q 「面倒くさいなぁ」や「…するのは面倒だなぁ」は、英語でどう表現しますか？日記でよく使うので、バリエーションも知りたいです。

こんなふうに使います

1 面倒くさいなあ。
It's <u>a bother</u>.
      A

2 報告書を書くのは面倒だなあ。
It's too much bother to <u>do the report</u>.
                                B

A 「あー、面倒くさいな」は①の It's a bother.、または It's a hassle. とするのがネイティブ的です。これは What a bother! や What a hassle! のように言うこともできます。bother、hassle はいずれも「厄介な仕事(もの)」という意味で、日常的によく使われます。「あー、面倒くさかった」と過去のことを言うなら、It was a bother.、What a bother it was! など、動詞を過去形にします。

　これらの表現の使い分けには次のような目安があります。家事などあまり時間がかからないことなら bother、免許証の更新手続きなど、多少の時間と労力を要することなら hassle がピッタリです。飛行機を乗り継いで目的地へ向かうといった大掛かりなことには a lot of trouble、または too much trouble がいいでしょう。「面倒な」という意味の形容詞 troublesome を使って表すこともできますが、これは少々かしこまった響きのある単語です。

　「…するのは面倒だなぁ」と、その内容を具体的に表すときは、②のように「it's too much bother to ＋動詞の原形」を使って表しましょう。

入れ替え表現集

A、Bはそれぞれ、上の例文の下線部との入れ替えが可能です。

[A]

(時間と労力を多少要する)面倒　<u>a hassle</u>
(かなり手間の掛かる)面倒　<u>a lot of<too much> trouble</u>
面倒な、厄介な　<u>troublesome</u>
(骨の折れる)面倒　<u>a pain</u>
(うんざりするような)面倒　<u>a pain in the neck</u>

[B]

洗車する　<u>wash my car</u>
皿洗いをする　<u>do the dishes</u>
朝ご飯を作る　<u>fix breakfast</u>
メールをチェックする　<u>check e-mails</u>
郵便局に行く　<u>go to the post office</u>
アンケートに記入する　<u>complete the questionnaire</u>
洗濯物を畳む　<u>fold laundry</u>
毎日ひげをそる　<u>shave every day</u>
パスポート＜運転免許＞を更新する
<u>renew my passport<driver's> license</u>

真弓の一言　If you want to change your life, change something you do daily.

Let's write! 日記を書こう！

「例えばこう書く」と左ページの「入れ替え表現集」を参考に日記を書いてみましょう。
1文だけでも構いませんが、余裕のある人は少し書き足してみてもいいでしょう。

例えばこう書く

6月3日（月）

明日は年に一度の健康診断。今夜は10時以降に何も食べられないということだわ。問診票に記入するのが面倒だなぁ。

→

Mon., June 3

I'm going to have my annual medical checkup tomorrow. That means I cannot eat anything after ten tonight. It's too much bother to complete the medical questionnaire.

語注 annual：年に一度の、毎年恒例の　medical checkup：健康診断　complete ...：…（のすべての項目）に記入する　medical questionnaire：問診票

Date: _____

☐ happy　☐ sad　☐ angry　☐

真弓の一言 人生を変えたいなら、日々の行動を改めること。

25 ... is so lucky!、I'm happy for ...

「うらやましい、…のことでうれしい」

Q 「うらやましい」と書くとき、I envy ... という表現をよく使うのですが、ネイティブスピーカーは envy をあまり使わないというのは本当ですか？

こんなふうに使います

1 彼は昇給した。うらやましいなあ。
He got a raise. He is so lucky!
　　A

2 彼女は来年結婚する。うれしいなあ。
She's going to get married next year. I'm happy for her.
　　　　　　　　　　　　　　　　　　　　　　　　　　　　　B

A 日本人英語学習者の中には、envy（…をうらやむ）という動詞を使って I envy ...（…がうらやましい）と表現する人が多いようですが、実は、ネイティブスピーカーはあまりこの言い方を使いません。会話でも、「(私は)あなたがうらやましい」と言うことの多い日本人に対して、彼らは「(あなたは)恵まれていますね」「ツイていますね」と相手を主体にして表現します。

　... is so lucky!（…はツイているな、…がうらやましいな）は日記にも使える表現です。①のように、He got a raise.（彼は昇給した）と状況を述べ、He is so lucky!（恵まれてるな！）や少しくだけた表現の Lucky him!（ツイてるな！）などを続けるという具合です。

　②のように、友人や知人の吉報に対し、それを自分もうれしく思う場合には、I'm happy for ...（…のことを私もうれしく思う）がピッタリです。相手が男性なら I'm happy for him、複数の人なら I'm happy for them. と代名詞を変えて使います。ほかに、入れ替え表現集 [B] で挙げた表現もよく使われるので、応用してみましょう。

入れ替え表現集

A、Bはそれぞれ、上の例文の下線部との入れ替えが可能です。

[A]

採用面接に受かった　passed the job interview
休暇でタヒチにいる　(He)'s in Tahiti on vacation
マンションを購入した　bought a condominium
音楽の才能がある　has musical talent
オールスター戦のチケットを持っている
has a ticket for the All-Star Game
競馬で大儲けした　made a lot of money on a horse race
オーストラリア旅行を当てた　won a free trip to Australia
奨学金を受けることが認められた
was accepted to receive a scholarship

[B]

素晴らしいなあ、すてきだなあ
That's great<wonderful><fabulous>.
なんて素晴らしいんだろう！　How wonderful!
うれしいなあ　I'm thrilled.

真弓の一言 Everything happens for a reason.

Let's write! 日記を書こう！

「例えばこう書く」と左ページの「入れ替え表現集」を参考に日記を書いてみましょう。
1文だけでも構いませんが、余裕のある人は少し書き足してみてもいいでしょう。

例えばこう書く

12月12日（木）

エイジが福引でオーストラリア旅行を当てた。彼はツイてるなぁ！　彼と奥さんは昨年結婚したけど、新婚旅行には行かなかった。だから二人にとって素晴らしい機会だわ。

→

Thursday, Dec. 12

Eiji won a free trip to Australia in a lottery. Lucky him! He and his wife got married last year, but they didn't have a honeymoon. So, this is a great opportunity for them.

語注 lottery：福引、抽選　get married：結婚する　have a honeymoon：新婚旅行に行く　opportunity：機会、チャンス

Date: _____

☐ happy　☐ sad　☐ angry　☐

真弓の一言 すべてのことは起こるべくして起こる。

26 ... and ~ as well、also...

「ついでに」

Q 「ついでに」は英語ではどのように表せばよいですか？

こんなふうに使います

1 キッチンのついでに冷蔵庫も掃除した。
I cleaned the kitchen and the fridge as well.
　　　　　　　　　　　　　A

2 キッチンを掃除したついでに、冷蔵庫も掃除した。
When I cleaned the kitchen, I also cleaned the fridge.
　　　　　　　B　　　　　　　　　　　　　B

A 「ついでに」は日本語にとらわれなければ、英語でも簡単に表現できます。
　例えば①の I cleaned the kitchen and the fridge as well. (直訳：キッチンと冷蔵庫を掃除した)のように、... and ~ as well を用いて表せば OK です(as well は省略可能)。または②の例文のように、「When I＋過去形，I also ＋過去形．」(直訳：～したとき、…もした) の形で表すこともできます。
　ちなみに人に何かをしてあげる場合、恐縮する相手に「ついでだからいいよ」と言うなら、Don't worry. I'm doing mine anyway. などと表現するとよいでしょう。これは「いいんだよ。どっちみち自分の分もやるんだから」というニュアンスです。
　話題を変えるときの「…の話が出たついでに」は、speaking of ... や talking about ... を使って、Speaking of<Talking about> skiing, I'm going to Nagano this weekend. (スキーの話が出たついでに言うと、今週末長野へ行くんだ)のように表せます。また、「…へ行くついでに」は、「…へ行く途中で」と考え、on the way to ... を使うといいですね。

入れ替え表現集

A、Bはそれぞれ、上の例文の下線部との入れ替えが可能です。

[A]
新聞のついでにガムも買った
bought a newspaper and chewing gum
自分の朝食のついでに彼女の朝食も作った
made my breakfast and hers
自分のシャツのついでに彼のハンカチにもアイロンを掛けた
ironed my shirts and his hankies

[B]
街へ買い物に出たついでに美容院へ行った
went shopping downtown / visited a hair salon
実家に帰ったついでに旧友と会った
went back home / met my old friend
彼女と食事をしたついでに彼女の誕生日を祝った
had dinner with her / wished her a happy birthday
昼食で外に出たついでに雑誌を手に入れた
went out for lunch / picked up a magazine
庭の草取りをしたついでにハーブの種をまいた
weeded our yard / planted some herb seeds

真弓の一言 Pursue your dream even when everyone else says it is impossible to reach.

Let's write! 日記を書こう！

「例えばこう書く」と左ページの「入れ替え表現集」を参考に日記を書いてみましょう。
1文だけでも構いませんが、余裕のある人は少し書き足してみてもいいでしょう。

例えばこう書く

11月23日（土）

午後はずっとミサキと一緒に過ごした。高級レストランで彼女と食事をしたついでに、彼女の誕生日をお祝いした。二人とも絶品の料理とワインを満喫した。

→

Sat., November 23

I spent the whole afternoon with Misaki. I had lunch with her at an expensive restaurant, and I also wished her a happy birthday. We enjoyed excellent food and wine there.

語注 expensive：高級な　excellent：絶品の、この上ない

Date: _____

☐ happy　☐ sad　☐ angry　☐

真弓の一言 周囲に無理だと言われても、夢を追いかけよう。

27 as I'd expected / on second thought

「やっぱり」

Q 予想通りの結果に対する「やっぱり…」と、よく考えた末の「やっぱり…」はそれぞれどう表しますか？

こんなふうに使います

1 やっぱり彼女は遅れてきた。
She came late, as I'd expected.
　　　　　　 A

2 （いろいろ考えて）やっぱりそのパーティーにはスーツを着ることにした。
On second thought, I decided to wear a suit for the party.
　　　　　　　　　　　　　　　　　　　　　　　B

A 「やっぱり…だった」は「予想した通り」と考え、①のような「過去形の文, as I'd expected」の形で表します。結果よりも、予想したことの方が先なので、動詞 expect は had expected と過去完了形にする必要があります。ただし、くだけた表現では過去形の as I expected も使われます。

よく考えた結果の「やっぱり（…することにした）」は、②のように On second thought, を前に添えれば OK です。I decided to … の部分を I decided not to … にすれば「やっぱり（…しないことにした）」という意味になります。On second thought, I decided not to go to the party.（やっぱりそのパーティーには行かないことにした）という具合です。

ほかに、「(なんだかんだ言っても）やっぱり…」は after all、「やっぱり…すればよかった」は「I should've ＋過去分詞形」で簡単にニュアンスを出すことができます。I didn't buy the bag after all.（やっぱりあのバッグは買わなかった）、I should've ordered pasta.（やっぱりパスタを注文すればよかった）という具合です。

入れ替え表現集

A、Bはそれぞれ、上の例文の下線部との入れ替えが可能です。

[A]

彼は現れなかった　He didn't show up
店は閉まっていた　The store was closed
息子は泥だらけの服で帰ってきた
My son came home with muddy clothes
彼女は約束をすっかり忘れていた
She completely forgot our appointment
彼は間違った待ち合わせ場所に行った
He went to the wrong meeting place

[B]

クラス会に出席する　to attend the class reunion
プリンターを買い替える　to buy a new printer
アパートの契約を更新する　to renew my apartment lease
ハイブリッド車に換える　to switch to a hybrid car
バイクの運転免許を取らない
not to get a motorcycle driver's license

真弓の一言 Living in the past limits the future.

Let's write! 日記を書こう！

「例えばこう書く」と左ページの「入れ替え表現集」を参考に日記を書いてみましょう。
1文だけでも構いませんが、余裕のある人は少し書き足してみてもいいでしょう。

例えばこう書く

7月28日（日）

車の販売代理店に新型車を見に行った。特にある型に引かれた。でもやはり、次の車検までは今の車に乗ることにした。

→

Sun., July 28

I went to a car dealership to see the new models. I was drawn to one model in particular. But on second thought, I decided to keep my current car until the next car inspection.

語注 car dealership：自動車販売代理店　be drawn to ...：…に引かれる　in particular：特に、とりわけ　current：今の、最新の　car inspection：車検

Date: _____

☺ □ happy　☹ □ sad　😠 □ angry　○ □

真弓の一言 過去へのこだわりは未来に限界をつくる。

28 I'll try to ... / unless it's necessary

「なるべく」

Q: 「なるべく…する」の「なるべく」、「なるべくなら…したくない」の「なるべくなら」の表現方法を教えてください。

こんなふうに使います

1 週末はなるべくもっと家族と過ごすようにしよう。
I'll try to spend more time with my family on weekends.
　　　　　　　　A

2 なるべくなら、転勤はしたくないな。
I don't want to be transferred unless it's necessary.
　　　　　　　　　　B

A: 「なるべく…する」は「頑張って…する」という意味の「try to ＋動詞の原形」の形で表現することができます。日記では、①の例文のように I'll try to ...（なるべく…しよう）の形で使うのがオススメです。気持ちによっては、I should try to ...（なるべく…した方がいいだろう）と will の代わりに should を用いてもいいでしょう。

反対に、「なるべくならしたくないなぁ」という心情のときは、②の例文のように「…したくない」と述べた後に、unless it's necessary（それが必要でない限り）を続けましょう。unless it's absolutely necessary とすると「それが絶対に必要でない限り」と強調することもできます。

「なるべく」を含むその他の表現に、as ... as possible（可能な限り… →なるべく…）があります。I'll come home as early as possible tomorrow.（明日はなるべく早く帰るようにしよう）のように使います。これは as ... as ～ can（できるだけ…）としても OK です。その場合、～の部分には I, he, she など文の主語を入れましょう。

入れ替え表現集

A、Bはそれぞれ、上の例文の下線部との入れ替えが可能です。

[A]

家で食事をする　eat at home
定期的に運動をする　exercise regularly
次のボーナスまでお金を節約する
save money until my next bonus
環境にやさしく暮らす
live in a more environmentally friendly way
息子の夢を応援する
support my son's dream
子どもたちの好奇心をはぐくむ　nurture my children's curiosity

[B]

人からお金を借りたくない　borrow money from others
カラオケには行きたくない　go to karaoke
人前で話をしたくない　speak in public
休日は化粧をしたくない　put on makeup on non-working days
今日は外出したくない　go out today
今週は残業したくない　work overtime this week

真弓の一言 Without determination, a dream is just a dream.

Let's write! 日記を書こう!

「例えばこう書く」と左ページの「入れ替え表現集」を参考に日記を書いてみましょう。1文だけでも構いませんが、余裕のある人は少し書き足してみてもいいでしょう。

例えばこう書く

2013年4月7日

息子が、プロのサッカー選手になって、いつか英国のチームでプレーしたいと言ってきた。なるべく彼の夢を応援するようにしよう。

→

April 7, 2013

My son told me he wanted to be a professional soccer player and to play for a British team someday. I'll try to support his dream.

語注 professional：プロの　someday：いつか。副詞

Date : _____

☐ happy　☐ sad　☐ angry　☐

真弓の一言 決意がなければ、夢は夢のまま終わる。

29 All I could do was ...

「…するのが精いっぱいだった」

Q 「…するのが精いっぱいだった」という自分の限界は、英語でどう表現すればいいですか？

こんなふうに使います

1 インストラクターについていくのが精いっぱいだった。
All I could do was <u>try to keep up with the instructor.</u>
　　　　　　　　　　　A

2 料理を食べ終えるのが精いっぱいで味わうどころではなかった。
I was too busy <u>finishing the dish to enjoy it.</u>
　　　　　　　　B

A 「…するのが精いっぱいだった」つまり「自分ができることの限度だった」という意味は、①の「all I could do was＋動詞の原形」で表せばOKです。構文の直訳は「私にできるすべてのことは…だった」ですが、これで「…するのが精いっぱいだった」というニュアンスを表現できます。例えば、著名人の握手会でガチガチに緊張してしまい、「笑顔を保つのにいっぱいいっぱいで、話をする余裕などなかった」という状況なら、All I could do was keep smiling. I was so nervous that I couldn't talk to him<her>.（あまりにも緊張して話し掛けられなかった）という具合です。

②は「I was too busy＋動詞の -ing形＋to＋動詞の原形」（私は…するのに忙し過ぎて〜できなかった→私は…するのに精いっぱいで〜するどころではなかった）という表現を使っています。複雑な構文に見えるかもしれませんが、これは「…するのに忙しい」という意味の「busy＋動詞の -ing形」を、「…過ぎて〜できない」を表す「too＋形容詞＋to＋動詞の原形」の「形容詞」の部分に組み込んだものです。

入れ替え表現集

A、Bはそれぞれ、上の例文の下線部との入れ替えが可能です。

[A]
英語がわかるふりをする　pretend I understood English
彼にもっとゆっくり話してくれるようお願いする
ask him to speak more slowly
彼にあいさつをする　say hello to him
彼女に謝る　say sorry to her
薬が効き始めるまで痛みをこらえる
endure the pain until the medicine started working

[B]
料理する／見た目に気を配る
cooking to pay attention to what it looked like
泣くのをこらえる／彼女に反論する
trying not to cry to argue with her
下ろしたてのかばんを雨から守る／自分のことを構う　protecting my brand-new bag from the rain to worry about myself
頂上まで登る／途中の景色を楽しむ
climbing to the top to enjoy the scenery on the way

真弓の一言　Persistence will win out.

Let's write! 日記を書こう！

「例えばこう書く」と左ページの「入れ替え表現集」を参考に日記を書いてみましょう。
1文だけでも構いませんが、余裕のある人は少し書き足してみてもいいでしょう。

例えばこう書く

1月30日（水）

今日は授業で、英語の朗読をしなくてはならなかった。間違えずに読むのにいっぱいいっぱいで、発音にまで気が回らなかった。

→

Wed., January 30

I had to read some English passages aloud in class today. I was too busy trying not to make any mistakes to worry about my pronunciation.

語注 read ... aloud：…を音読する、…を朗読する　passage：（文章の）一節　make a mistake：間違える　pronunciation：発音

Date: _____

☺ □ happy　☹ □ sad　😠 □ angry　◯ □

真弓の一言　最後には根気強さが勝つ。

30 managed to ...

「何とか…できた」

Q 「何とか…できた」は英語でどう表したらいいですか？
例えば「何とか報告書をまとめることができた」というような場合です。

こんなふうに使います

1 何とか5時までに報告書をまとめることができた。
I managed to **finish writing the report by five**.
　　　　　　　　　　A

2 何とかして新しいパソコンの費用を稼ぐぞ。
I will **make the money for a new PC** one way or another.
　　　　　B

A 「(苦労して)何とか…できた」や「どうにかこうにか…できた」は、①のように「managed to＋動詞の原形」の形で表すことができます。日記では I 以外の主語について、My son managed to finish his homework just before the end of the summer vacation.（息子は夏休みが終わる直前に、何とか宿題を終えることができた）のように書く機会もあるでしょう。

これに関連して、「何とかして…する」と表すには、「どうにかして、なんらかの方法を使って」というニュアンスを持つ one way or another を使うといいでしょう。もともと in one way or another が正式な形ですが、最近では in を省くのが一般的です。②の「何とかして新しいパソコンの費用を稼ぐぞ」なら、I will make the money for a new PC（新しいパソコンの費用を稼ぐ）に one way or another を続けます。I will … の代わりに、I want to … や I must … と組み合わせて、「何とかして…したい」、「何とかして…しなくては」と表現することも可能です。

入れ替え表現集

A、Bはそれぞれ、上の例文の下線部との入れ替えが可能です。

[A]
運転免許試験に1回で合格する
pass the driving test on my first try
ネットでホテルの予約をする　make a hotel reservation online
昼までにはすべての雑用を片付ける
finish all my chores by noon
6時までに子どもの託児所の迎えに行く
pick up my child from the day-care center by six
出張に観光の時間を無理やり入れる
squeeze some time for sightseeing into my business trip

[B]
マイホームを購入する　buy a house
小説家になる　become a novelist
ギターが弾けるようになる　learn to play the guitar
3年以内に事業を始める
start my own business within three years
沖縄に移住するよう家族を説得する
persuade my family to move to Okinawa

真弓の一言 Sometimes I see better with my eyes closed.

Let's write! 日記を書こう!

「例えばこう書く」と左ページの「入れ替え表現集」を参考に日記を書いてみましょう。1文だけでも構いませんが、余裕のある人は少し書き足してみてもいいでしょう。

例えばこう書く

3月12日（火）

社内のみんなのために、銀座のデパートで有名なシュークリームを買った。電車は少し遅れていたが、何とかお茶の時間までに社に戻ることができた。

→

Tue., March 12

I bought some famous cream puffs at a department store in Ginza for people in the office. The train was a little late, but I managed to get back to the office by teatime.

語注 cream puff：シュークリーム　a little：少し　teatime：お茶の時間

Date: ＿＿＿＿＿＿＿＿＿＿

☐ happy　☐ sad　☐ angry　☐

真弓の一言 目を閉じたほうがよく見えることもある。

HAVE A LITTLE BREAK .2

英語で「仕事」を語れますか？

　自分の職業を英語で説明できるようにしておくことは、とても良い心掛けです。日本では職業について聞かれると、「会社員です」や「派遣社員をしています」のように答えることが多いため、これを直訳して I'm a company worker. や I'm a temporary employee. などと言いがちです。でも、それだけでは、あなたがどんな仕事をしているのかが伝わりません。相手には「職業のことをあまり話したくないのかな？」と思われてしまうことさえあります。英語では、どんな仕事をしているのかなるべく具体的に伝わるように話すことが大切です。

　例えば勤務先を答えるなら、I work for ... （…に勤務しています）を使います。誰もが知っている企業の場合は、I work for **Honda**. （ホンダに勤務しています）のように「…」に会社名を入れればOK ですし、I work for **a travel agency**. （旅行代理店で働いています）のように、「a＋何の会社＜店＞か」で説明することもできます。

　業務内容は、I **sell** cars. （車の販売をしています）、I **repair** cars. （車の修理をしています）のように、具体的な動詞で表すとよいでしょう。また、I'm in **the sales department**＜**general affairs department**＞. （営業部＜総務部＞で働いています）のように、部署名を言ってもいいですね。I'm **a nurse**. （看護師をしています）や I'm **a librarian**. （図書館員をしています）など、職種でも表現できます。こんな具合に、どんな仕事をしているのか、なるべく具体的に伝えるよう工夫しましょう。

CHAPTER_03

もう迷わない！
似た表現の使い分け

よく似た意味の表現や
同じ語でも用法で意味が変わる表現など、
学習者泣かせの「使い分け」のレッスンです。

31 be going to と will

「…する、…する予定だ」

Q 未来のことを表すとき、will と be going to のどちらを使っても意味は同じですか？

こんなふうに使います

1 今週末、両親を訪ねる予定だ。
I'm going to <u>visit my parents</u> this weekend.
　　　　　　　A

2 明日彼女に電話をしよう。
I'll <u>call her</u> tomorrow.
　　　B

A be going to … と will は共に「…する」「…する予定だ」といった意味です。ただし、be going to … が日記を書き始める前からすでに決めていた事柄について用いるのに対し、will は今この場で決めた事柄について用いるという違いがあります。

例えば、友人に贈るプレゼントについて書くとします。スカーフにしようとすでに決めている状況では、I'm going to give her a scarf.（彼女にスカーフをあげる予定だ）です。一方、何をあげようか迷っている状態で日記帳に向かい、「そうだ！　スカーフをあげよう」と思い付いたという場合は、I know! I'll give her a scarf. とするといいでしょう。ちなみに、このような場合の will は、日記でも会話でも短縮形の「'll」を用いるのが自然です。

また、will が「こうなるだろう」という単なる予想を表すのに対し、be going to は、根拠を基にした予測に使うという違いもあります。例えば、「(空が暗くなってきたから)午後は雨だろう」というときには、It's going to rain this afternoon. と表します。

入れ替え表現集

A、Bはそれぞれ、上の例文の下線部との入れ替えが可能です。

[A]
サッカーの試合観戦に行く　go to a soccer game
古書店巡りをする　look around some antiquarian bookstores
庭の手入れをする　work on my garden
バーベキューをする　have a barbecue party
息子たちとホームセンターへ行く
go to a DIY store with my sons

[B]
ダイエットを始める　start a diet
物置の整理をする　organize my shed
家庭菜園のトマトを収穫する
pick some tomatoes from our garden
日曜大工をする　do some DIY
家でのんびり過ごす　spend a lazy day at home
病院へ行く　go to see a doctor
花をあげて妻を驚かせる　surprise my wife with flowers

真弓の一言　I want to be the one who makes your bad days better.

Let's write! 日記を書こう！

「例えばこう書く」と左ページの「入れ替え表現集」を参考に日記を書いてみましょう。
1文だけでも構いませんが、余裕のある人は少し書き足してみてもいいでしょう。

例えばこう書く

9月24日（火）

マリの手術が成功したと聞きほっとしている。週末にお見舞いに行く予定だ。お見舞いバルーンを持っていこうっと。

→

Tue., September 24

I'm relieved to hear Mari's operation went well. I'm going to visit her at the hospital on the weekend. I'll take her some get-well balloons.

語注 be relieved to hear ...：…だと聞いて安心する　operation：手術　go well：うまく行く、成功する　visit ... at the hospital：…の見舞いに行く　get-well：お見舞いの。Get well.で「よくなって」という意味のメッセージ。　balloon：風船

Date:

☐ happy　☐ sad　☐ angry　☐

真弓の一言　イヤな日をいい日に変えてあげられる人になりたいな。

32 can と be able to

「…できる」

Q can と be able to が表すのはまったく同じことですか？

こんなふうに使います

1 彼女は水上スキーができるんだぁ、すごい！
Wow, she **can water-ski**!
　　　　　　　　A

2 新しいICレコーダーは、8GBまで録音できる。
My new IC recorder **can record up to 8 GB.**
　　　　　　　　　　　　　　B

A can と be able to は、人が主語の場合にはどちらも使えます。物や場所が主語の場合は can で表すのが一般的です。人(she)が主語の①は Wow, she's able to water-ski! でも OK ですが、物(IC recorder)が主語の②は can を使います。

can は will などの助動詞と一緒に用いたり、to の後に続けたりすることができません。He will be able to swim soon.（彼はすぐに泳げるようになるだろう）や I want to be able to play the piano.（ピアノが弾けるようになりたい）のように、be able to を使いましょう。

ちなみに、「…できた」と過去形で表す場合は、be able to を用いるのが無難です。could は「過去にそれをする能力があった」ことを表し、一度きりの経験には使いません。つまり、I could dance well when I was in high school.（高校時代は上手に踊ることができた）は OK でも、I could attend the lecture.（その講義に参加することができた）は NG です。後者は、I was able to … とするか、I attended the lecture. と過去形で表すのが自然です。2章の「managed to …」(P. 74) で表してもいいですね。

入れ替え表現集

A、Bはそれぞれ、上の例文の下線部との入れ替えが可能です。

[A]
すごく速く携帯でメールを打てる　can<is able to> text so fast
兄弟より速く走れる
can<is able to> run faster than her brothers
その学校に入学するにはフランス語を話せなくてはならない
has to be able to speak French to get into the school
一晩でレポートを終わらせることができた
was able to finish the report overnight

[B]
データをパソコンに転送できる　can transfer data to my PC
上着の内ポケットに収まる
can fit in the inner pocket of my jacket
今はもっと安く購入できる
can be bought much more cheaply now
このコードを使えば、電話会話を録音できるようになる
will be able to record telephone conversations if I use this cord

真弓の一言 You never know what you've got until it's gone.

Let's write! 日記を書こう!

「例えばこう書く」と左ページの「入れ替え表現集」を参考に日記を書いてみましょう。1文だけでも構いませんが、余裕のある人は少し書き足してみてもいいでしょう。

例えばこう書く

3月23日　土曜日	Saturday, March 23
姪のマコがスマートフォンを見せてくれた。数カ月前、最初にねだったとき、両親は反対だったのに。あの子ったら、結局、親を言いくるめて買わせることができたのね。	My niece Mako showed me her smartphone. When she first asked her parents to buy it for her, they were against the idea. I guess she was able to talk them into buying her one after all.

語注 niece：姪　smartphone：スマートフォン　be against ...：…に反対している　talk *someone* into *-ing*：…を言いくるめて～させる　after all：結局

Date: _____

☐ happy　☐ sad　☐ angry　☐

真弓の一言 失うまで、そのありがたさに気づかないもの。

33 see と watch

「…を見る」

Q 「見る」で、see と watch のどちらを使うべきかいつも迷います。使い分けを教えてください。

こんなふうに使います

1 今夜、満月を見た。
I saw <u>the full moon</u> tonight.
　　　　　A

2 大河ドラマの再放送を見た。
I watched <u>a rerun of the *Taiga* drama</u>.
　　　　　　　　B

A see と watch はどちらも「見る」という意味なのに、何を見るかによって、どちらも使うことができたり、どちらか一方しか使わなかったりと実に学習者泣かせの動詞です。

矢印で表すなら、see は矢印が目に向かうイメージで、watch は矢印が目から外へ向かうイメージです。つまり、see は意識していなくても自然と「…が目に入る」という意味で、watch は対象物を意識して「…をじっと（注意して）見る」という意味です。bird watching（バードウォッチング）の watching や、「番犬」を意味する watchdog は、正にこの動詞のイメージを表していますね。

例えば「映画を見る」の場合、映画館で見るなら see a movie、家で（DVD などで）見るなら watch a movie を用いるのが一般的です。映画館のスクリーンは大きく、映像が目に飛び込んでくるイメージから see がふさわしいというわけです。一方、家で見る場合は、テレビにしてもパソコンにしても、そこに意識を向ける必要があるので watch が適切です。

入れ替え表現集

A、B はそれぞれ、上の例文の下線部との入れ替えが可能です。

[A]
東京ドームで巨人戦を　a Giants game at Tokyo Dome
（映画館で）スピルバーグの最新作を　Spielberg's latest movie
マクドナルドの巨大な広告看板を　McDonald's huge billboard
電車の窓から東京タワーを
Tokyo Tower out of the train window
台所で大きなクモを　a big spider in the kitchen
帰り道にホタルを　a firefly on my way home

[B]
テレビで大リーグの試合　an MLB game on TV
DVD を3本　three DVDs
人気アニメ番組の最終回
the last episode of a popular cartoon series
スポーツバーでそのサッカーの試合
the soccer match in a sports bar
ネットで動画　some videos on the Web

真弓の一言 Forget the favors you have given; remember those received.

Let's write! 日記を書こう！

「例えばこう書く」と左ページの「入れ替え表現集」を参考に日記を書いてみましょう。
1文だけでも構いませんが、余裕のある人は少し書き足してみてもいいでしょう。

例えばこう書く

1月7日　月曜日

ネットで動物の動画をたくさん見た。あんなに愉快なペットたちと暮らしている人たちが、とてもうらやましい。動物の中には本当にすごいエンターテイナーがいるものだ。

→

Monday, Jan. 7

I watched a bunch of animal videos on the Web. Some people are so lucky to live with such funny pets. Some animals are really great entertainers.

語注　a bunch of ... : たくさんの…、大量の　entertainer : エンターテイナー

Date:

☐ happy　☐ sad　☐ angry　☐

真弓の一言　与えた親切心は忘れても、受けた恩は忘れるな。

34 hope と wish

「…だといいなあ」

Q hope と wish はどう違うのですか？ wish は実現の可能性が低い時に使うと習いましたが、I wish you a merry Christmas. の場合はどうなんでしょう？

こんなふうに使います

1 彼が OK してくれるといいな。
I hope <u>he will say OK.</u>
　　　　　　A

2 彼が OK してくれたらいいのになあ。
I wish <u>he would say OK.</u>
　　　　　　B

A I hope ... は実現の可能性があることについて「…だといいなあ」と表現するときに使います。I wish ... は実現の可能性がほとんどないことについて「(無理だろうけれど) …だといいな」という場合や、現実とは反対のことを仮定して「(実際は違うけれど仮に) …だったらいいのにな」という場合に使う表現です。
　例えば、「彼が OK してくれるといいな」と言う場合、可能性があるのなら①の I hope he will say OK. (I hope he says OK. も可)が適切です。I hope の後には、未来形または現在形の文を続けます。これに対して、OK してもらえる可能性がない、あるいは可能性がかなり低いと思っているときには、② の I wish he would say OK. が適切です。wish の後には仮定法(P. 26)の文を続けるので、will のような助動詞も過去形(ここでは would)にします。
　また、wish には「wish ＋ [人] ＋…」の形で「[人]のために…を祈る」という意味にもなります。「…」に「健康、成功、幸福、幸運」などの言葉を入れて、I wish him good luck. (彼の幸運を祈っている)のように使います。I wish you a merry Christmas は、この構文で表したものです。

入れ替え表現集

A、Bはそれぞれ、上の例文の下線部との入れ替えが可能です。

[A]

彼女が試験に受かる　she will pass<passes> the exam
彼がその失恋から早く立ち直る
he will get<gets> over the heartbreak soon
彼のプレゼンがうまく行く
his presentation will go<goes> well
妻が早く機嫌を直す　my wife will forgive<forgives> me soon
彼らが新しい土地を気に入る
they will like<like> the new place

[B]

誰かそのお金を貸してくれたら
someone would lend me the money
上司が私の計画を承認してくれたら
my boss would OK my plan
父さんが明日車を貸してくれたら
Dad would let me use his car tomorrow
マリコが私とそのコンサートに行ってくれたら
Mariko would go to the concert with me

真弓の一言　You're my one and only.

Let's write! 日記を書こう!

「例えばこう書く」と左ページの「入れ替え表現集」を参考に日記を書いてみましょう。1文だけでも構いませんが、余裕のある人は少し書き足してみてもいいでしょう。

例えばこう書く

9月5日（木）

リエは家族の用事ができて、日曜の新築祝いパーティーに来られない。彼女が来られたらいいのになあ。ほかのお客さんは皆来てくれるといいな。

→

Thu., Sep. 5

Rie can't come to our housewarming on Sunday because some family business came up. I wish she could come. I hope all the other guests will show up.

語注 housewarming：新築祝いパーティー、引っ越し祝いパーティー　family business：家族の用事　come up：生じる、（用事が）できる　show up：来る、現れる

Date: _____

☺ □ happy　　😢 □ sad　　😠 □ angry　　○ □

真弓の一言　あなたは私にとってかけがえのない人。

35 look と seem

「…のようだ」

Q 「…のようだった」と書きたいときには、looked と seemed のどちらを使えばいいですか？

こんなふうに使います

1 その写真の彼は、映画スターのようだった。
He <u>looked like a movie star</u> in that picture.
　　A

2 彼女は腹を立てているようだった。彼女の声でわかった。
She <u>seemed upset</u>. I could tell from her voice.
　　　B

A lookとseemはいずれも「…のようだ」という意味ですが、使い方に違いがあります。look は顔つきなど見た目で判断して、「…のようだ」と言う場合に使われます。一方、seem を使うのは、状況などから話し手が主観的に判断して「…のようだ」と言う場合です。

He looks like a teacher. と He seems like a teacher. を比較してみましょう。He looks like a teacher. は、見た目がまじめそうだとか、メガネをかけているといった彼の外見を基に様子を述べるときに使います。一方、He seems like a teacher. は、教育論を熱く語るなど、ひょっとして先生？、と思われる一面があるというようなときに使います。

look、seem のいずれも a teacher のような名詞を続けて「…のようだ」を表すときには、look like、seem like のように like を補います。これは名詞の代わりに文を続けるときも同様で、He seems like he knows her well.（彼は彼女のことをよく知っているようだ）のように言います。しかし、upset（腹を立てた）のような形容詞を続ける場合は「look<seem>＋形容詞」とし、like は不要なので注意しましょう。

入れ替え表現集

A、Bはそれぞれ、上の例文の下線部との入れ替えが可能です。

[A]
ティーンエイジャーのようだった　looked like a teenager
普通の人のようだった　looked like a regular person
50代後半のようだった　looked like he was in his late fifties
幸せそうだった　looked happy
機嫌が悪そうだった　looked grumpy
優しそうだった　looked kindhearted

[B]
彼に関心がない　seemed like she wasn't interested in him
私の仕事に興味がある　seemed curious about my job
彼の話に魅了されている　seemed fascinated by his story
私の提案が気に入らない　seemed like she didn't like my suggestion
退屈している　seemed bored
緊張している　seemed nervous
がっかりしているようだった　seemed disappointed
反省しているようだった　seemed sorry

真弓の一言　Spend your life with those who make you happy.

Let's write! 日記を書こう！

「例えばこう書く」と左ページの「入れ替え表現集」を参考に日記を書いてみましょう。
1文だけでも構いませんが、余裕のある人は少し書き足してみてもいいでしょう。

📝 例えばこう書く

5月12日　金曜日	Friday, May 12
大家さんが角の花屋のオーナーとおしゃべりしているのをよく見かける。二人は幼なじみのようだ。二人が一緒にいると何だかほほえましい。	I often see my landlord chatting with the owner of the flower shop on the corner. They seem like childhood friends. They are sort of sweet together.

語注 see ... -ing：…が～しているのを見る　landlord：大家　chat with ...：…とおしゃべりをする
childhood friend：幼なじみ　sort of ...：何だか…　sweet：可愛らしい、ほほえましい

Date: _____

☐ happy　☐ sad　☐ angry　☐

真弓の一言 幸せな気持ちにしてくれる人と人生をともにしよう。

36 later と after 「…後に」

Q 「…後に」と書くには later と after のどちらを使うべきですか？

こんなふうに使います

1 （その）2週間後にまた彼と偶然会った。
I ran into him again <u>after two weeks.</u>
　　　　　　　　　　　　A

2 彼とはまた2週間後に会うことになっている。
I'm going to see him again <u>in two weeks.</u>
　　　　　　　　　　　　　B

A 辞書を見ると、later と after はどちらにも似たような意味が載っているので、使い分けが難しいですね。例えば、「(彼と会う機会があり、さらにその)2週間後にまた彼と偶然会った」と言うなら、I ran into him again after two weeks.、または I ran into him again two weeks later. とします。過去のことを述べるときには、after と later のいずれも使えますが、「after＋数」「数＋later」と語順が異なる点は要注意です。

①の例の after は「…の後に」という意味の前置詞ですが、この語には「後で」という副詞の意味もあります。実は、話し言葉においては、この副詞の意味を用いて、two weeks after、three days after の語順でも用いられます。耳にする機会があっても驚かないでくださいね。

未来のことについて「…後に」と述べる場合には、after を用いることができません。未来の「…後に」は「in＋数」の形で表すのが一般的です。例えば②の「彼とはまた2週間後に会うことになっている」なら、I'm going to see him again in two weeks. という具合です。

入れ替え表現集

A、Bはそれぞれ、上の例文の下線部との入れ替えが可能です。

[A]
2時間後に　　after two hours ＜two hours later＞
2時間ほど後に
after about two hours ＜about two hours later＞
3日後に　　after three days ＜three days later＞
数日後に　　after a few days ＜a few days later＞
半年後に　　after six months ＜six months later＞
1年後に　　after a year ＜a year later＞

[B]
3日後に　　in three days
数日後に　　in a few days
1週間後に　　in a week
およそ1週間後に　　in about a week
1カ月後に　　in one month
半年後に　　in six months

真弓の一言　Don't make decisions when you are angry, and don't make promises when you are happy.

Let's write! 日記を書こう！

「例えばこう書く」と左ページの「入れ替え表現集」を参考に日記を書いてみましょう。
1文だけでも構いませんが、余裕のある人は少し書き足してみてもいいでしょう。

例えばこう書く

2013年8月28日

街の本屋でマリナを見掛けた。彼女は友だちと一緒だったので、声は掛けなかった。あと1週間ぐらいして新学期が始まれば、どうせ彼女には会うし。

→

Aug. 28, 2013

I saw Marina in a bookstore downtown. I didn't talk to her because she was with her friends. I'm going to see her in about a week anyway when the new semester starts.

語注 bookstore：本屋　anyway：どうせ　semester：学期

Date: ＿＿＿＿＿＿＿＿＿＿

□ happy　□ sad　□ angry　□

真弓の一言 イライラしているときに決断してはダメ。ウキウキしているときに約束してはダメ。

37 during と while

「…する間に」

Q 「…する間に」と書くとき、during と while はどう使い分ければいいですか？

こんなふうに使います

1 昼休みの間にその本を読み終えた。
I finished reading the book during <u>the lunch break</u>.
　　　　　　　　　　　　　　　　　　　　　A

2 子どもたちが眠っている間に、その本を読み終えた。
I finished reading the book while <u>my kids were sleeping</u>.
　　　　　　　　　　　　　　　　　　　　　　B

A during と while はいずれも「(…する)間に」という意味ですが、後に続けられるものが異なります。during は①の during the lunch break（昼休み中に）のように、名詞の働きをする語句を続けます。一方、while は節（主語＋動詞があるもの）を続けて、②の while my kids were sleeping（子どもたちが眠っている間に）のように表します。この理由を文法的に説明すると、during は前置詞で while は接続詞だからということになります。「ロンドン滞在中に」なら during my stay in London と while I stayed in London（または while I was in London）という違いですね。
　while 節の動詞が be 動詞の場合には注意点が1つあります。I burned my finger while I was cooking.（私は料理をしているときに指をやけどした）は、while 節と前の節の主語がいずれも I です。このような場合には、I burned my finger while cooking. と、while 節の主語と be 動詞を省略することができます。ただし、My husband washed dishes while I was cooking.（私が料理をしている間に夫が皿を洗った）の my husband と I のように、前後の節で主語が異なる場合には省略できません。

入れ替え表現集

A、B はそれぞれ、上の例文の下線部との入れ替えが可能です。

[A]
昼間　the day
その週　the week
旅行　the trip
夏休み　my summer vacation
電車に乗車している　the train ride
フライト　the flight

[B]
妻が外出している　my wife was out
彼女が買い物をしている　she was shopping
息子が歯の治療を受けている　my son was having dental treatment
病院の待合室にいる　(I was) in the hospital waiting room
ゆっくり風呂に入っている　(I was) taking a long bath
昼食を食べている　(I was) eating lunch
妻を待っている　(I was) waiting for my wife

真弓の一言 One small positive thought in the morning can change your whole day.

Let's write! 日記を書こう！

「例えばこう書く」と左ページの「入れ替え表現集」を参考に日記を書いてみましょう。1文だけでも構いませんが、余裕のある人は少し書き足してみてもいいでしょう。

例えばこう書く

12月17日（火）

朝一で美容院に行った。すごく待たされた。待合室にいる間に、本を1冊ほぼ読み終えてしまった。

→

Tue., December 17,

I went to a hair salon first thing in the morning. I had to wait for a long time. I almost finished reading a book while in the waiting room.

語注 go to a hair salon：美容院に行く　first thing in the morning：朝一番に　while in the waiting room：待合室にいる間に。I was in the waiting room の I was が省略されている。waiting roomは「待合室」の意

Date: _____

☐ happy　☐ sad　☐ angry　☐

真弓の一言 朝のちょっとしたプラス思考がその日一日を変える。

38 the other と another

「もう一方の物／別の物」

Q: 「別の物」を指す the other と another の違いがよくわからないので、使い方に自信がありません。

こんなふうに使います

1 彼女には2人の子どもがいる。1人は医者で、もう1人は弁護士だ。
She has two children. **One is a doctor, and the other is a lawyer.**
　　　　　　　　　　　　　　　　　　　　　　　　　　A

2 そのジャケットはサイズが合わなかったので、別の物を探すことにした。
The jacket wasn't my size, so I **decided to look for another.**
　　　　　　　　　　　　　　　　　　　　　　　　B

A

the other は「残りの1つ<1人>、もう一方の物<人>」または「残りの、もう一方の」という意味です（the others と複数の場合は「残りの人たち<物>」）。①の One is ..., and the other is ～. の形で、人や物を対比させることができます。

the other と混同する人が多い another は「別の物<人>」という意味で、不特定の対象（単数）に対して使います。「不特定の物に付く冠詞の an」+「other」だから another と考えるとわかりやすいですね。

店でジャケットを試着したけれど、サイズが合わなくて「別の物を探すことにした」という②の例では、「(何か)別の物」という不特定の対象を意味するので another を用います。

気になったジャケットを2着試着したところ、1着はサイズが合わないのであきらめ、「もう1着の方を買うことにした」という場合なら、「もう一方」が指すのは特定の物（試着した2着のうちの1着）なので、another ではなく the other を用いて、I decided to take the other. とするのが適切です。

入れ替え表現集

A、Bはそれぞれ、上の例文の下線部との入れ替えが可能です。

[A]

1人は女の子で、もう1人は男の子だ
One is a girl, and the other is a boy

1人はティーンエージャーで、もう1人は幼児だ
One is a teenager, and the other is a toddler

1人は芸術家肌で、もう1人は運動神経が良い
One is artistic, and the other is athletic

1人は彼女に似ていて、もう1人は亡くなった夫に似ている
One looks like her, and the other looks like her late husband

[B]

別の物を試着した　tried on another
別の物を探す羽目になった　ended up looking for another
別の物を探すために違うショッピングモールへ行った
went to a different mall to look for another
店員に別の物を勧めてくれるよう頼んだ
asked a salesclerk to recommend another

真弓の一言　Behind me is infinite power. Before me is endless possibility.

Let's write! 日記を書こう！

「例えばこう書く」と左ページの「入れ替え表現集」を参考に日記を書いてみましょう。
1文だけでも構いませんが、余裕のある人は少し書き足してみてもいいでしょう。

例えばこう書く

6月27日　木曜日

バリ旅行を計画中。今、空の便で2つの選択肢がある。一方は安いけれど時間がかかって、もう一方は高いけれども速い。そのお金は現地での買い物にとっておいた方がいいかもね。

→

Thursday, June 27

I'm planning for my trip to Bali. I have two choices of flight now. One is cheap but time-consuming, and the other is more expensive but fast. Maybe I should save the money for shopping there.

語注　flight：航空便　cheap：安い　time-consuming：時間のかかる　Maybe I should ...：…した方がいいかも　the money：そのお金。速い便と時間がかかる便との料金の差額

Date:　　　　　　　　　　☐ happy　☐ sad　☐ angry　☐

真弓の一言　私の後ろには無限の力が付いている。私の行く手には果てしない可能性が広がっている。

39 forgot about と forgot to

「…を忘れていた／…し忘れた」

Q 「彼女の誕生日を忘れていた」のような場合の「…を忘れていた」は、どう表現すればいいですか？

こんなふうに使います

1 彼女の誕生日を忘れていた。
I forgot about her birthday.
　　　　　A

2 DVD を返却するのを忘れた。
I forgot to return the DVD.
　　　　　　　B

A 「忘れていた（＝今は思い出せる）」は、過去形の forgot で表します。日本語では、今思い出せないことも「忘れた」と過去形で表すことが多いので混乱しやすいですね。

「…（のこと）を忘れていた」は過去形を使って「I forgot about ...」と表せば OK です。①の例文中の「彼女の誕生日」のように、本来覚えておくべきことをうっかり忘れていたという場合は、この表現で「あ〜あ、やっちゃった」「どうしよう…」というニュアンスにもなります。forgot の前に totally や completely を入れると、「すっかり忘れていた」と強調できます。I completely forgot about her birthday!（彼女の誕生日をすっかり忘れてた！）という具合ですね。ちなみに、「彼女の誕生日を（いつだったか）忘れた」は、I forget her birthday. と現在形で表します。

「…し忘れた」は、②のように「forgot to ＋動詞の原形」の形で表せば OK です。「forgot ＋動詞の -ing 形」は「…したことを忘れていた」という意味でしたね（P. 40）。I forgot returning the DVD. は、「DVD を返却したのに（そのことを）忘れていた」ということになります。

入れ替え表現集

A、B はそれぞれ、上の例文の下線部との入れ替えが可能です。

[A]
仕事の約束　the business appointment
営業会議　the sales meeting
私たちの記念日　our anniversary
美容院の予約　my haircut appointment
保護者会　the parents' meeting
姪のピアノの発表会　my niece's piano recital

[B]
彼に折り返し電話をする　return his call
彼女にお金を返す　return her money
予約をキャンセルする　cancel my reservation
その番組を予約する　record the program
帰りにスーパーに寄る　stop at a supermarket on the way back
ATM へ行く　go to an ATM
カメラを持っていく　bring my camera
注射をしに犬を獣医へ連れていく　take my dog to the vet for a shot

真弓の一言 The difference between reality and a pipe dream is effort.

Let's write! 日記を書こう！

「例えばこう書く」と左ページの「入れ替え表現集」を参考に日記を書いてみましょう。
1文だけでも構いませんが、余裕のある人は少し書き足してみてもいいでしょう。

例えばこう書く

11月13日（水）	Wed., November 13
午後の歯医者の予約を忘れていた！2週連続ですっぽかしたことになる！ 恥ずかしくて電話できない。	I forgot about my dentist appointment this afternoon! That means I've missed it two weeks in a row. I'm too embarrassed to call.

語注 dentist appointment：歯医者の予約　miss ...：…を逃す　in a row：連続で　embarrassed：恥ずかしい、きまりが悪い

Date: _____

□ happy　□ sad　□ angry　□

真弓の一言 現実となるか、夢のままで終わるのか、それを分けるのは努力である。

40 remember

「…を思い出す／…を覚えている」

Q remember には「思い出す」と「覚えている」の意味があると習いました。自分の意図した方の意味で使えているのか心配なときがあります。

こんなふうに使います

1 高校時代をよく思い出す。
I often remember my high school days.
　　　　　　A

2 あの日の出来事をはっきりと覚えている。
I clearly remember what happened that day.
　　　B

A どちらの意味で使われているかは、文脈から正しく伝わることが多いですが、副詞を補うとより明確になります。

例えば、「思い出す」なら、①の例文の often（よく）や、suddenly（突然）、just（ちょうど）、now（今）、sometimes（時々）などを一緒に用いるとよいでしょう。

一方、「覚えている」はシンプルに「remember＋覚えている事柄」の形で用いられることが多いですね。時には②のように、clearly（はっきりと）や still（今でも）など、「どのように覚えているか」を表す副詞を伴うこともあります。

さらに、remember は動詞の -ing 形を続けると「（過去に）…したことを覚えている」、to 不定詞を続けると「…することを覚えている（＝忘れずに…する）」という意味になります（P. 40）。ちなみに、久しぶりに街で出会った友だちに「私、マユミよ。覚えてる？」と尋ねる場合は、It's me, Mayumi. Do you remember me? のように言うことができます。メールなどでは、I hope you remember me.（私のことを覚えてくれているとうれしいな）と表現してもいいですね。

入れ替え表現集

A、Bはそれぞれ、上の例文の下線部との入れ替えが可能です。

[A]

学生時代をよく思い出す　**often remember my school days**
地元の友人を時々思い出す
sometimes remember my friends in my hometown
昼食の約束があったのを突然思い出した
suddenly remembered that I had a lunch appointment
その古い映画を思い出した　**remembered the old movie**

[B]

彼の姉を覚えている　**remember his sister**
以前ここを訪れたことを覚えている
remember visiting here before
彼女にその話をしたことを今も覚えている
still remember telling her that
明日彼を迎えに行かなくてはならないことを覚えている
remember I will have to pick him up tomorrow
彼に 500 円を返すこと覚えている
remember to give him back 500 yen

真弓の一言　Life doesn't always give second chances, so take the first one.

Let's write! 日記を書こう！

「例えばこう書く」と左ページの「入れ替え表現集」を参考に日記を書いてみましょう。
1文だけでも構いませんが、余裕のある人は少し書き足してみてもいいでしょう。

例えばこう書く

2月17日（日）

引っ越しのための荷造りをしていたら、高校の卒業アルバムが出てきた。過ぎ去りし日々を思い出した。みんな、どうしているのかなぁ。

→

Sun., Feb. 17

When I was packing to move, I came across my high-school yearbook. I remembered the old days. I wonder how everyone is doing.

語注 pack：荷造りする　move：引っ越す　come across ...：…を偶然見つける、…に出くわす　yearbook：卒業アルバム
old days：過ぎ去りし日々　I wonder ...：…かなぁ

Date: _____　☺ □ happy　☹ □ sad　😠 □ angry　○ □

真弓の一言 チャンスは二度あるとは限らない。最初のチャンスを生かそう。

41 worry about ... と be worried about ...

「…のことを心配する／…のことを心配している」

Q 心配ごとを書くのに、I worry about ... と I'm worried about ... のいずれも見聞きしますが、違いはあるのでしょうか？

こんなふうに使います

1 両親のことを（常に）心配している。
I worry about <u>my parents</u>.
      A

2 明日の天気が心配だ。
I'm worried about <u>the weather tomorrow</u>.
        B

A worry about ... は「…のことを心配する」という動作、または「…のことを[常に]心配している」という状態を表します。一方、be worried about ... が表すのは「…のことを[今]心配している」という状態です。

例えば、離れて暮らす高齢の両親を常に気に掛けているという場合は、①のように I worry about my parents. と worry about で表します。

一方、屋外イベントの前日に天気を気にしている状況では、②の I'm worried about the weather tomorrow. のように be worried で表します。この worried は動詞ではなく、「心配して、不安で」という意味の形容詞です。

ちなみに、動詞の worry を現在進行形で用いれば「今心配している最中である」ことを強調でき、be worried と同じようなニュアンスで使うことができます。つまり②の例文は、I'm worrying about the weather tomorrow. と現在進行形で表すことも可能なのです。

また、健康や将来などに対する不安は、常に気になっているのであれば I worry about my <u>health</u>＜future＞、今気になっているのであれば I'm worried about my <u>health</u>＜future＞. と使い分けましょう。

入れ替え表現集

A、Bはそれぞれ、上の例文の下線部との入れ替えが可能です。

[A]
体重　my weight
紫外線　ultraviolet＜UV＞ rays
白髪　gray hair
うちの年老いた犬　our old dog
住宅ローンの返済　my mortgage payments
老後の生活　my life after retirement
長男の大学受験　my oldest son's university entrance exam

[B]
この夏のボーナス　this summer's bonus
兄の手術　my brother's operation
来週のプレゼン　the presentation next week
明日のヒトミの結婚パーティーでのスピーチ
my speech at Hitomi's wedding reception tomorrow
新学期　the new semester
中間テスト＜期末テスト＞　my midterm exams＜finals＞

真弓の一言　I want to grow old with you.

Let's write! 日記を書こう！

「例えばこう書く」と左ページの「入れ替え表現集」を参考に日記を書いてみましょう。
1文だけでも構いませんが、余裕のある人は少し書き足してみてもいいでしょう。

例えばこう書く

2013年7月20日

チカのご主人はずっと単身赴任をしている。彼女、彼に会えなくてきっと寂しいだろうな。彼は好き嫌いが多い人なので、チカは彼の健康のことを心配している。

→

July 20, 2013

Chika's husband has been working away from home. She must miss him. She worries about his health because he's a picky eater.

語注 work away from home：単身赴任する　picky eater：(食べ物の) 好き嫌いが多い人

Date : _____

☐ happy　☐ sad　☐ angry　☐

真弓の一言 あなたと一緒に年を重ねたい。

42 think / hear / know に続く of と about

「…のことを／…について」

Q I think about と I think of の違いは何ですか？ また、hear の後にも about と of の両方がくるようですが、これらはどう使い分けますか。

こんなふうに使います

1 車の購入について（じっくり）考えている。
I'm thinking **about buying a car.**
　　　　　　　　A

2 新しい隣人について（詳しく）聞いた。
I heard **about the new neighbor.**
　　　　　　B

A 「…しようと思っている、…しようかと考えている」と書きたいときに、think of -ing と think about -ing のどちらを使うべきか悩むという声をときどき耳にします。結論から言うと、基本的にはどちらも同じように使うことができます。あえて違いを述べるなら、think of … は「…のことを考える」、think about … は「…についてじっくり考える」というニュアンスを含むため、think about … の方が「より真剣にそうしようと検討している」とも言えるでしょう。

　hear（聞く）や know（知っている）についても、「of ＜ about」の関係は成り立ちます。hear of … は「…のことを耳にする」、hear about … は「…について詳しく聞く」、know of … は「（部分的に）…を知っている、（そういった事実があるという程度で）…を知っている」、know about … は「…についてよく知っている」というニュアンスです。

　とはいえ、ネイティブスピーカーの中にも、これらをあまり区別せずに使う人はいるので、あまり神経質になる必要はありません。

入れ替え表現集

A、Bはそれぞれ、上の例文の下線部との入れ替えが可能です。

[A]

自宅を改築しようと思っている　of renovating our house
マンションを購入しようと思っている　of buying a condominium
陶芸教室に入ることを（真剣に）考えている
about enrolling in a pottery class
留学することを（真剣に）考えている　about studying abroad
別の仕事を探すことを（真剣に）考えている
about looking for another job

[B]

彼女のことは聞いたことがある　(I)'ve heard of her
その映画のことは聞いたことがある　(I)'ve heard of the movie
それは聞いたことがない　(I)'ve never heard of it
彼のことを知っている　know of him
彼のお父さんのことをよく知っている　know about his father
スポーツについてはよく知らない
don't know much about sports

真弓の一言　Stop saying "I wish" and start saying "I will."

100

Let's write! 日記を書こう!

「例えばこう書く」と左ページの「入れ替え表現集」を参考に日記を書いてみましょう。
1文だけでも構いませんが、余裕のある人は少し書き足してみてもいいでしょう。

例えばこう書く

11月18日（月）

ミナヨの10代の息子は、アニメの声優の道を目指すことを考えている。日本のアニメは、海外でとても人気があるって聞いたわ。

→

Mon., Nov. 18

Minayo's teenage son has been thinking about pursuing a career as a voice actor for animations. I've heard Japanese animations are quite popular overseas.

語注 pursue a career as ...：…の道を目指す、…の道を進む　voice actor：声優　animation：アニメ　quite：とても、非常に

Date: _____

☐ happy　☐ sad　☐ angry　☐

真弓の一言　「そうできたらいいな」をやめて、「やってみせる」と言おう。

101

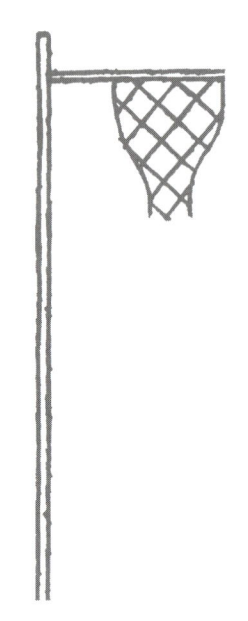

HAVE A LITTLE BREAK .3

いろいろな「可能性」

「た**ぶん**」と可能性を表す英語表現は実にいろいろありますが、それぞれの確率を理解した上で使うことが望ましいですね。人によって感覚が異なるので数値で表すことは難しいものの、私個人は次のように使い分けています。

- **most likely** ⇒90パーセント以上の確率
- **probably** ⇒80パーセント前後の確率
- **likely** ⇒50パーセント前後の確率
- **maybe／perhaps** ⇒30〜40パーセント程度の確率。「もしかしたら…」というニュアンス
- **possibly** ⇒10パーセント程度の確率。「ひょっとしたら…」というニュアンス

例えば、Do you think the Tigers will win this year?（今年はタイガースが優勝すると思う?）と聞かれて、Probably. と答えれば「たぶん優勝するだろうね」、Maybe. だと「う〜ん、どうかな？もしかしたら優勝するかもね」というニュアンスになります。

これらの副詞のほかにも、不確かなことについて「…だろう」と推測で言うときに使う would、「…かもしれない」を表す could（20〜40パーセント程度の確率）といった助動詞でも可能性を表現できます。いずれも直後には動詞の原形が続きます。would は、say や think、imagine などの動詞と共に用いることが多く、I'd say she's in her 50s.（彼女は50代だろう）のように使います。could は、It could be true.（それは本当かもしれない）のように使います。couldn't とすると、「…のはずがない」と可能性を否定する表現になります。

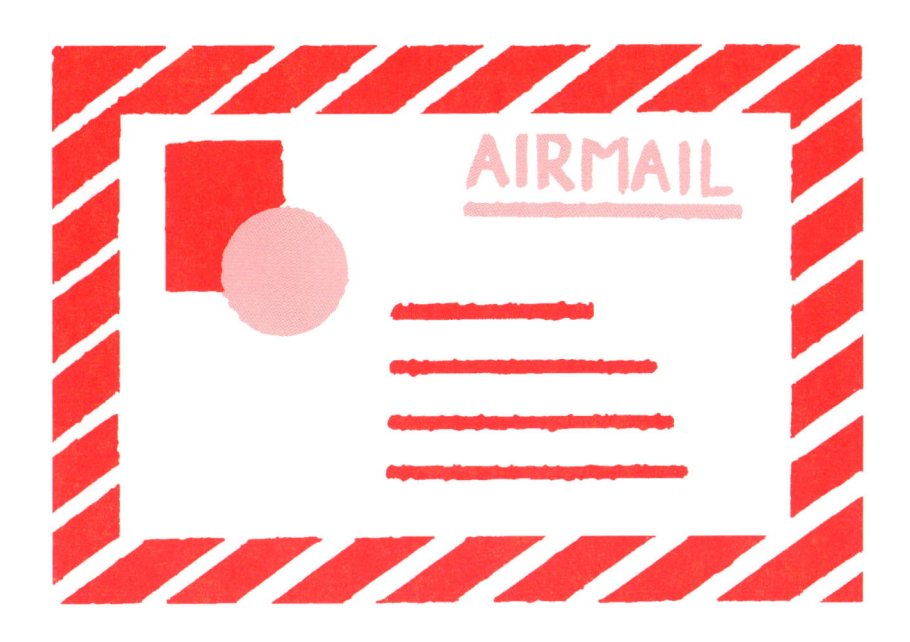

CHAPTER_04

使ってみよう!
こなれたネイティブ表現

口語表現を中心に、日記にも取り入れやすい
ネイティブ御用達の表現を紹介します。

43 make a stop

「止まる」

Q 「止まる」は普段、動詞の stop を使いますが、ネイティブが make a stop と言っているのを耳にしました。名詞ですか？

こんなふうに使います

1 電車は東京に着く前に1回停車した。
The train **made a stop before Tokyo.**
　　　　　　　A

2 早めに帰宅すると約束した。
I **made a promise to come home early.**
　　　B

A stop と make a stop はどちらも「止まる、停車する」という意味で、入れ替えることも可能です。ただし、後者の表現を用いることには、主に次のような特徴や効果があります。stop（「停車」を意味する名詞）の前に形容詞を置いて、どのような「停車」なのかを具体的に表すことができます。例えば、新幹線の車内で耳にする We will soon make a brief stop at …（間もなく…に短時間停車します）というアナウンスには、brief（短い）という形容詞が挿入されています。さらに、リズム感の効果もあります。淡々とした響きの The train stopped. よりも、The train made a stop. というリズムの方がネイティブ好みというわけです。さらに、make a stop の a で、停車するという「1回」の動作（や行為）が強調されます。

make a stop 以外にも、「make +動詞から派生した名詞」の表現はたくさんあります。②の make a promise はその一例です。また、make 以外の動詞と動詞から派生した名詞とを組み合わせた表現もあります。「入れ替え表現集」の [B] で確認してみてくださいね。

入れ替え表現集

A、Bはそれぞれ、上の例文の下線部との入れ替えが可能です。

[A]

緊急停車した　made an emergency stop
急停車した　made a sudden stop
数回停車した　made several stops
5分停車した　made a 5-minute stop

[B]

難しい決断をした　made a difficult decision
会社に電話をした　made a call to the office
3時ごろに一休みした　took a rest around three
彼のサイトをさっと見てみた　took a quick look at his Web site
彼女の新居を訪問した　paid a visit to her new house
それをやってみた　gave it a try
マンダリン・オリエンタル・ホテルで快適に過ごした
had a pleasant stay at the Mandarin Oriental Hotel
数学のテストで不注意な間違いをした
made careless mistakes on my math exam

真弓の一言　Positive thoughts will bring positive results.

Let's write! 日記を書こう！

「例えばこう書く」と左ページの「入れ替え表現集」を参考に日記を書いてみましょう。
1文だけでも構いませんが、余裕のある人は少し書き足してみてもいいでしょう。

✏️ 例えばこう書く

2013年4月4日

目が覚めたら、電車はすでに新宿だった。それで、その電車が急行だったことに気が付いた。急行は新宿まで止まらないんだったわ。

→

April 4, 2013

The train was already at Shinjuku when I woke up. Then I realized it was an express. Express trains don't make a stop before Shinjuku.

語注 wake up：目を覚ます　express (train)：急行列車

Date: _____

☺ □ happy　☹ □ sad　😠 □ angry　○ □

真弓の一言 前向きな思考はいい結果をもたらす。

44 How come ...?

「どうして…？」

Q 映画などでよく耳にする How come? は、Why? とはどう違うのですか？

こんなふうに使います

1 どうして彼は怒っているのだろう？
Why is he angry?
　　　A

2 どうして彼は怒っているのだろう？
How come he is angry?
　　　　　　　　B

A How come? と Why? はどちらも、「なぜ？」「どうして？」と理由を尋ねる定番の会話表現です。How come? はもともと How did it come about?（どのようにしてそんなことが起きたのですか？）を省略した形ですが、どちらかと言うとくだけた表現です。日記では、「どうして…だろう？」「なぜ…なのかな？」と自分自身に問い掛けるような形で使うとよいでしょう。

「どうして…なのだろう？」「なぜ…なのかな？」という場合、Why ...? と How come ... ? では、後に続く語句の順番に要注意です。例えば「彼はどうして怒っているのだろう？」の場合、①の Why is he angry? は、Why の後には疑問文の「is he angry?」が続きます。一方、②の How come he is angry? は、How come の後に、疑問文ではなく普通の文、つまり「主語＋動詞」が続いています。

もう1つの例で比較してみましょう。過去形の疑問文「昨日、彼はどうしてメールをくれなかったのかな？」は、Why を使うと Why didn't he e-mail me yesterday? となりますが、How come を使うと How come he didn't e-mail me yesterday? となります。

入れ替え表現集

A、Bはそれぞれ、上の例文の下線部との入れ替えが可能です。

［A］

それを思い付かなかったのだろう　didn't I think of that
日曜に働かなくてはならないのだろう
do I have to work on Sunday
彼はあんなに急いでいたのだろう　was he in such a hurry
彼女は話してくれなかったのだろう　didn't she tell me
あんなにいい番組を打ち切ってしまうのだろう
are they going to cancel such a great show
母さんはこの写真が嫌いなんだろう　does Mom hate this photo

［B］

それを思い付かなかったのだろう　I didn't think of that
日曜に働かなくてはならないのだろう　I have to work on Sunday
彼はあんなに急いでいたのだろう　he was in such a hurry
彼女は話してくれなかったのだろう　she didn't tell me
あんなにいい番組を打ち切ってしまうのだろう
they're going to cancel such a great show
母さんはこの写真が嫌いなんだろう　Mom hates this photo

真弓の一言　Everything will be OK in the end, so don't worry.

Let's write! 日記を書こう！

「例えばこう書く」と左ページの「入れ替え表現集」を参考に日記を書いてみましょう。
1文だけでも構いませんが、余裕のある人は少し書き足してみてもいいでしょう。

例えばこう書く

3月19日　火曜日

アツコがもうすぐ会社を辞めると聞いた。どうして何も教えてくれなかったのかな。先週会ったときに何か言ってくれればよかったのに。

→

Tuesday, March 19

I heard Atsuko is leaving the company soon. How come she never told me? She could've said something when we met last week.

語注 leave the company：会社を辞める、退職する。文法的には was leaving が正しいが、会社を辞めるのは、現在から見ても未来のことなので、口語では is leaving でもOK

Date: _____

☐ happy　☐ sad　☐ angry　☐

真弓の一言 最後にはすべてうまくいくもの。だから心配はいらないよ。

45 what to ...

「何を…すればよいか、何を…すべきか」

Q what to say や what to do など、what to ... というフレーズをよく耳にしますが、これは「言うための何か」や「するための何か」といった意味ですか？

こんなふうに使います

1. 何と言ってよいかわからなかった。
   I didn't know **what to say**.
   　　　　　　　　　A

2. 彼の言ったことは私には意外だった。
   What he said surprised me.
   　　　B

A 「what to ＋動詞の原形」は「何を…すればよいか（ということ）」や「何を…すべきか（ということ）」を表します。what to say なら「何と言えばよいか」、what to do なら「何をすべきか」という具合ですね。ちなみに、「how to ＋動詞の原形」だと、「どのように…すればよいか（ということ）」という意味になります。「…の仕方」や「…の方法」という定着した訳があるので、知っているという人もいるでしょう。
　「what ＋主語＋動詞」のパターンも覚えておくとよいですね。これは、「（主語）が…すること＜もの＞」という意味です。例えば、what he said なら「彼が言ったこと」、つまり「彼の発言」を指します。②の例では、これを文の主語とし、surprised me（私を驚かせた）を続けて、「…は私を驚かせた→私には意外だった」という意味になっています。これらの what は「何」ではなく、「…すること」「…なもの」という意味です。

入れ替え表現集

A、Bはそれぞれ、上の例文の下線部との入れ替えが可能です。

[A]
何を着て行けばよいか　　what to wear
今夜は何を作るべきか　　what to cook tonight
彼の誕生日に何をあげるべきか
what to give him for his birthday
どうやって直せばよいか（修理の仕方）　how to fix it
どうやってそこへ行けばよいか（そこまでの行き方）
how to get there
その話をどう持ち出すべきか　how to bring that up

[B]
彼が彼女に向かって言ったこと　What he said to her
彼らのしたこと（彼らの行動）　What they did
彼が教えてくれたこと　What he told me
彼女の告白したこと　What she confessed
彼が私にくれたもの（彼からのプレゼント）　What he gave me
今朝新聞で目にしたもの　What I saw in the paper this morning

真弓の一言 A little consideration, a little thought for others makes all the difference.

108

Let's write! 日記を書こう！

「例えばこう書く」と左ページの「入れ替え表現集」を参考に日記を書いてみましょう。1文だけでも構いませんが、余裕のある人は少し書き足してみてもいいでしょう。

例えばこう書く

1月18日　金曜日

リカが熱を出して寝込んでいたので、家まで行った。彼女の世話をするはずだったのに、何をすればいいのかわからなかった。それでも彼女は、そこにいるだけで感謝してくれた。

→

Friday, Jan. 18

Rika was down with a fever, so I went to her place. I was supposed to take care of her, but I didn't know what to do. Still, she thanked me for just being there.

語注 be down with ...：…で寝込んでいる、…でダウンしている　fever：熱　be supposed to *do*：…することになっている　take care of ...：…の世話をする　still：それでも　thank ... for -*ing*：〜してくれたことを…に感謝する

Date:　　　　　　　　　　　　　　　　　　　　　☺ 　☹ 　😠 　○
　　　　　　　　　　　　　　　　　　　　　□ happy　□ sad　□ angry　□

---

1 文法・語法のギモン

2 「日→英」変換術

3 似た表現の使い分け

4 こなれたネイティブ表現

真弓の一言　ちょっとした配慮、相手へのちょっとした思いやりが、すべてをいい方向へと変える。

46 beautiful

「素晴らしい」

Q 映画を見ていたら、レストランで料理の味を尋ねられた客が「beautiful」と答えるシーンがありました。beautiful に「おいしい」という意味もあるのですか？

こんなふうに使います

1 その店のローストチキンは絶品だと思った。
I thought <u>their roast chicken was beautiful</u>.
　　　　　　　　　　A

2 彼女には素晴らしい家族がいる。
She <u>has a beautiful family</u>.
　　　　　　B

A 確かに beautiful は、She's beautiful.（彼女は美しい）や、beautiful flowers（きれいな花）などのように、特に見た目の美しさ、華やかさを表現する語として使われる場面が多いですね。

ネイティブスピーカーはほかにもさまざまな場面でこの言葉を使います。それは私たちの感覚からすると、意外な言葉の選択に思われる場合さえあります。そのうちの1つが、料理について言う beautiful です。これは見た目ではなく味の描写です。おいしさを強調した表現で、「絶品！」というニュアンスです。②の She has a beautiful family. のように、「すてきな、素晴らしい」という意味でも使われます。

It's a beautiful day today.（今日はとてもいい天気だ）と、天気の良さ、気候の快適さを表現することもできます。さらには、スポーツで技巧みなゴールやアタックを決めたり、ボールをキャッチしたり、難しい演技を成功させたときなどにも、Beautiful! と言うことがあります。この場合は、「お見事！」という称賛の言葉です。

入れ替え表現集

A、Bはそれぞれ、上の例文の下線部との入れ替えが可能です。

[A]

そのデザートは絶品だった　the dessert was beautiful
天気は申し分なかった　the weather was beautiful
その試合でのイチローのスライディングキャッチは見事だった
Ichiro's sliding catch in the game was beautiful
彼女のライフスタイル全体がすてきだった
her whole lifestyle was beautiful

[B]

立派な人柄の持ち主だ　has a beautiful character
舞台で見事な演技をした
gave a beautiful performance onstage
箱根で素晴らしい週末を過ごした
spent a beautiful weekend in Hakone
かわいい赤ちゃんがいる　has a beautiful baby
同僚たちからすてきなお別れのプレゼントをもらった
received a beautiful farewell gift from her colleagues

真弓の一言　Each successful person has a painful story.

Let's write! 日記を書こう！

「例えばこう書く」と左ページの「入れ替え表現集」を参考に日記を書いてみましょう。
1文だけでも構いませんが、余裕のある人は少し書き足してみてもいいでしょう。

例えばこう書く

2013年6月8日

全仏オープンの女子決勝戦をテレビで見た。私はセリーナ・ウィリアムズを応援していた。いつものように、彼女は、あざやかなサーブで観客を沸かせた。

→

June 8, 2013

I watched the French Open women's final on TV. I was cheering for Serena Williams. As usual, she wowed the crowd with her beautiful serves.

語注 French Open：全仏オープン（の）。テニスの4大国際大会の1つ　final：決勝戦　cheer for ...：…を応援する　as usual：いつものように　wow ...：…を熱狂させる、…をあっと言わせる　serve：サーブ

Date: _____

☐ happy ☐ sad ☐ angry ☐

真弓の一言 成功した人には苦労話がつきもの。

47 go＋動詞

「…しに行く」

Q ネイティブスピーカーが Let's go see it. と言っているのを耳にしました。go see のように、動詞を2つ続けて使うことができるのですか？

こんなふうに使います

1 明日の夜は映画を見に行こうっと。
I'll **go see a movie** tomorrow night.
　　　　A

2 彼女は時々、ランチをするために妹に会いに行く。
She sometimes **goes see her sister** for lunch.
　　　　　　　　　　B

A Let's go see it. は「それを見に行こうよ」という意味ですね。「…しに行く」は go to see a movie（映画を見に行く）のように、「go ＋ to ＋動詞の原形」で表すことができますが、よりくだけた表現として「go and ＋動詞の原形」の形でも表すことができます。go see a movie は、それよりさらにくだけた表現で、go and see の and が脱落した形です。

　主語が He や My mother のような単数の三人称の場合には、go を goes に変えます。②の「彼女は時々、ランチをするために妹に会いに行く」なら、「妹に会いに行く」の部分は、go see …（…に会いに行く）を goes see … に変えて、goes see her sister とすれば OK です。

　「go … 」の「…」の部分には、visit、see、meet、get、buy、ask、check、eat、talk、have、do、make、pick up といった動詞（句）がよく使われます。これらはくだけた言い方なので、日記や親しい間柄での会話で用いるのは OK ですが、フォーマルな状況では、略さずに「go to …」や「go and …」の形を使いましょう。

入れ替え表現集

A、Bはそれぞれ、上の例文の下線部との入れ替えが可能です。

[A]

その新しいレストランを見に行く　go check the new restaurant
漫画本を買いに行く　go buy some comic books
ショウコおばさんのアドバイスを聞きに行こう
go ask Aunt Shoko for some advice
風邪薬を買いに行く　go get some cold medicine
彼女の誕生日プレゼントを探しに行く
go find a birthday present for her

[B]

水泳教室に子どもを迎えに行く
goes pick up her kid from swimming class
頭痛で医者にかかる
goes see a doctor for a headache
クライアントを彼らのオフィスまで訪ねて行く
goes visit her clients at their offices
隣人の庭仕事を手伝い行く
goes help her neighbor with some yardwork

真弓の一言　If you spread happiness, you will receive it back.

Let's write! 日記を書こう！

「例えばこう書く」と左ページの「入れ替え表現集」を参考に日記を書いてみましょう。
1文だけでも構いませんが、余裕のある人は少し書き足してみてもいいでしょう。

例えばこう書く

10月20日（日）

老人ホームにいる祖父を訪ねた。おじいちゃんは自分の部屋で絵を描いていた。今度、モネの画集を持って行ってあげよう。

→

Sun., October 20

I visited my grandpa at his nursing home. He was painting in his room. I'll go take him a book of paintings by Monet.

語注 grandpa：おじいちゃん、祖父　nursing home：老人ホーム　paint：絵を描く　book of paintings by ...：…の画集

Date : _____

□ happy　□ sad　□ angry　□

_____
_____
_____
_____
_____

真弓の一言 幸せを広めれば自分にも返ってくるよ。

48 won't ...

「…しようとしない」

Q My computer won't start. という英文を見かけたのですが、この won't はどういう意味ですか？「パソコンはスタートしないだろう」という予想か何かですか？

こんなふうに使います

1. パソコンがどうしても起動してくれない。
   My computer won't start.
   　　　　　　　　　A

2. 彼は私の言うことを聞こうとしない。
   He won't listen to me.
   　　　　　B

A 「will ＝未来」というイメージが強いため、違和感があるかもしれませんが、この won't（will not の短縮形）は「どうしてもしようと…しない」という意味で、書き手や話し手のいらだちや困った心境を表しています。例えば①の My computer won't start. は、パソコンを使おうとしているのに、起動してくれないという状況に対し、「主語（パソコン）の意思」と「書き手のいらだち」が表されているというわけです。

②の例文を見てみましょう。He won't listen to me. からは、何か助言をしようとしても、「彼」がまったく耳を貸そうとしないという状況が読み取れます。ここにも「主語（彼）の意思」と「書き手のいらだち」がありますね。

①と②はそれぞれ My computer doesn't start.、He doesn't listen to me. と現在形で表すことも可能ですが、その場合は、「パソコンが起動しない」「彼は私の言うことを聞かない」と単に事実を述べているだけというニュアンスになります。

入れ替え表現集

A、Bはそれぞれ、上の例文の下線部との入れ替えが可能です。

[A]

私のIDを認識しない　won't recognize my ID
インターネットにつながらない　won't connect to the Internet
プリンターにつながらない　won't connect to the printer
DVDを読み込まない　won't read DVDs
CDを再生しない　won't play CDs
何もインストールしない　won't install anything
かばんに入らない　won't fit into my bag

[B]

職場で何があったのか話そうとしない
won't tell me what happened at work
家事を手伝おうとしない　won't help with the housework
車を運転させてくれない　won't let me drive
ひげをそろうとしない　won't shave
野菜を食べようとしない　won't eat vegetables
ゴミを分別しようとしない　won't separate the trash

真弓の一言　It's OK to show your weakness.

Let's write!

日記を書こう！

「例えばこう書く」と左ページの「入れ替え表現集」を参考に日記を書いてみましょう。
1文だけでも構いませんが、余裕のある人は少し書き足してみてもいいでしょう。

例えばこう書く

5月20日（月）

チアキが家でひどくおとなしい。職場で何かあったのだと思う。それについてあの子は何も話そうとしないのよね。

→

Mon., May 20

Chiaki has been very quiet at home. I think something happened to her at work. She won't tell me anything about it.

語注 quiet：おとなしい、静かな　happen to ...：…の身に起きる

Date:

□ happy　□ sad　□ angry　□

真弓の一言 弱いところを見せたっていいんだよ。

49 ... is around the corner

「もうすぐ…だ」

Q ハリウッド俳優がインタビューで、My birthday is just around the corner. と言っていました。これは、「もうすぐ誕生日だ」という意味で正しいですか？

こんなふうに使います

1 もうすぐ誕生日だ！
My birthday is just around the corner.
　　A

2 沖縄旅行まであと3日！
There're three days left before my trip to Okinawa.
　　　　B

A 「… is just around the corner」の意味は「もうすぐ…だ」で正解です。直訳すると「…はもうその角の辺りまで来ている」となり、強調のために置かれている just は省略も可能です。この構文は、行事や記念日などが迫ってきていることを表すのにとても便利です。①の「もうすぐ誕生日だ！」なら、主語を My birthday にして、My birthday is just around the corner. とすれば OK ですね。
　日に日に近づいてきたイベントや締め切りなどに対する「…まであと〜日！」というワクワク感や緊張感は、②の例文のように、「There is<are> … (left) before 〜」の形で表すことができます。left は省略可能ですが、ここでは「残された(時間)」という意味です。「…」に入れる時間の単位が a week(1週間)や a month(1カ月)のような単数の場合には There's を用い、two weeks(2週間)や ten days(10日)など複数の場合には There're を用います。「There's<There're> only … (left) before 〜」と only を入れると、「〜まであと…しかない！」という焦りのニュアンスを表すこともできますよ。

入れ替え表現集

A、Bはそれぞれ、上の例文の下線部との入れ替えが可能です。

[A]

バレンタインデー　Valentine's Day
ピアノのコンテスト　My piano contest
ハルマの入学式　Haruma's entrance ceremony
初めてのベトナム旅行　My first trip to Vietnam
エアロスミスのライブ　Aerosmith's gig
世界タイトルマッチ　The world title match
レディ・ガガの新しいアルバムの発売
The release of Lady Gaga's new album

[B]

あと1週間　There's a week
あと1カ月　There's a month
あと5日　There're five days
あと3カ月　There're three months
あと半年　There's a half-year<There're six months>
あと3日しかない　There're only three days
あと1週間しかない　There's only a week

真弓の一言　It's important to be content, but never stop improving yourself.

Let's write! 日記を書こう!

「例えばこう書く」と左ページの「入れ替え表現集」を参考に日記を書いてみましょう。
1文だけでも構いませんが、余裕のある人は少し書き足してみてもいいでしょう。

例えばこう書く

2013年9月28日

もうすぐ10月！ ってことは、ダンス教室の発表会まであと2週間しかない！ まだいくつかの動きに苦労しているのよね。

→

Sep. 28, 2013

October is just around the corner! And that means there are only a couple of weeks before our dance school's recital. I'm still struggling with some of the moves.

語注 a couple of ... : 2つの、2～3の　struggle with ... : …と格闘する、…に苦しむ　move : (ダンスの) 動き

Date: ＿＿＿＿＿＿＿＿＿＿＿＿＿＿＿＿＿＿＿＿＿

☐ happy　☐ sad　☐ angry　☐

真弓の一言　自分自身に満足することは大切。でも、向上心を失ってはいけない。

50 What in the world ...?

「一体全体…」

Q 英会話の先生が、What in the world was I thinking? と言っていましたが、この in the world にはどんな意味があるのですか？

こんなふうに使います

1 一体全体、私は何を考えていたのだろう？
What in the world <u>was I thinking</u>?
　　　　　　　　　　　A

2 一体全体、彼女が何の話をしているのかわからなかった。
I didn't understand <u>what the heck she was talking about</u>.
　　　　　　　　　　　　　　　　B

A What in the world was I thinking? の基本的な意味は、What was I thinking? と同じです。in the world は「一体全体」といった驚きやいらだちのニュアンスを強調するフレーズで、what や who、why といった疑問詞の後に挿入されます。「一体全体、誰が彼にそれを話したのだろう？」なら、疑問文 Who told him that? の疑問詞（who）の後に挿入し、Who in the world told him that? とすれば OK です。

　日常会話では、in the world の代わりに、かなりくだけた表現として the heck が用いられることもあります。両者は入れ換えても同じ意味です。「一体全体、私は何を考えていたのだろう」を、in the world の代わりに the heck を用いて表すと、What the heck was I thinking? となります。また否定文を強調する使い方もあります。I didn't understand what she was talking about.（彼女が何の話をしているのかわからなかった）を強調するなら、②の I didn't understand what the heck she was talking about.、または in the world を用いて、I didn't understand what in the world she was talking about. とすれば OK です。

入れ替え表現集

A、Bはそれぞれ、上の例文の下線部との入れ替えが可能です。

[A]

何てことをしてしまったのか　have I done
彼は何をたくらんでいるのか　is he up to
何が彼にそう思わせたのか　made him think so
彼女がサッカーの何を知っているというのか
does she know about soccer
けんかの原因は何だったのか　was the fight about

[B]

一体全体、彼が何を言わんとしているのか
what the heck he meant by that
一体全体、彼女がなぜ腹を立てているのか
why the heck she was upset
一体全体、息子はなぜその本が欲しいのか
why the heck my son wanted that book
一体全体、誰がお金を払ってまでしてあの映画を見るのか
who the heck would pay to see that movie
一体全体、彼がなぜわれわれに対してそんなに失礼なのか
why the heck he was so rude to us

真弓の一言　What you do today can improve all your tomorrows.

Let's write! 日記を書こう！

「例えばこう書く」と左ページの「入れ替え表現集」を参考に日記を書いてみましょう。
1文だけでも構いませんが、余裕のある人は少し書き足してみてもいいでしょう。

例えばこう書く

12月20日　金曜日	Friday, December 20
コーヒー1杯に2800円請求されたかと思った！ 最初、ウエーターが一体全体何の話をしているのかわからなかった。実は、違うテーブルの伝票だった。やれやれ。	I thought I'd been charged 2,800 yen for a cup of coffee! At first, I didn't understand what in the world the waiter was talking about. Actually, the bill was for another table. My goodness!

語注
be charged ... for 〜：〜の代金として…を請求される　waiter：ウエーター　actually：実は　bill：伝票、請求書
my goodness：やれやれ、まあ。驚きや困惑を表す

Date:　　　　　　　　　　　　　　☺ □ happy　☹ □ sad　😠 □ angry　○ □

真弓の一言　今日の行動すべてがより良い明日へとつながっていく。

HAVE A LITTLE BREAK .4

一番言いたいことから始めよう

次の2つの英文の違いがわかりますか？

1) I want to drink something.

2) I want something to drink.

どちらも「何か飲みたいな」という意味ですが、「話者が一番言いたいこと」の違いが文の構造に現れています。

1) の話者が一番言いたいことは want to drink（飲みたい）であり、something（何か）は補足情報に過ぎません。一方 2) では、want something（何か欲しい）が話者の一番言いたいことです。このように、英語は話者の大事だと思う情報が先に来る言語なのです。のどが渇いたので「のどを潤したい（＝飲みたい）」という欲求からの発言なら 1)、何となく口寂しいので「何か欲しい」と言う欲求からの発言なら 2) のように表現される可能性が高いでしょう。

別の例でも考えてみましょう。「5年前から彼女に会っていない」という状況を、あなたなら英語でどう表しますか？ I haven't seen her for five years.（彼女に5年間会っていない）とすることもできますし、It's been five years since I last saw her.（最後に彼女に会ってから5年になる）とすることも可能です。「彼女に会っていない」というのが前者の、「5年たった」というのが後者の文の一番重要なことです。同じ状況を表すにも、話者の視点で文の組み立て方はこんなにも変わります。まずは、「一番言いたいこと」から英語にしてみましょう。

REFERENCE

英語日記お役立ち
ツールBOX

英語で日記を書くのに役立つ文法の情報や、日記を楽しくしてくれる
オススメの表現をまとめました。レファレンスとして活用してください。

CONTENTS

「英語日記」文法ノート ──────────────────────── P.122
NOTE 1：動詞／NOTE 2：名詞／NOTE 3：形容詞／NOTE 4：副詞／NOTE 5：接続詞

日記に感情をプラスする　ひとこと表現集 ──────── P.138

身近な話題がもっと書ける！　4大テーマ「使える」表現集 ──── P.146

「英語日記」文法ノート

1章「文法・語法のギモン」での学習内容を中心に、日記に役立つ文法情報をまとめました。

NOTE 1 動詞

☑「動詞」とは？

状態、動作を表す語。
直後に目的語を必要としないものを**自動詞**（①）、「…を」のような動作の対象となる目的語を続ける必要のあるものを**他動詞**（②）という。両方の意味を持つ動詞も多い（③④）。

① I couldn't **sleep** last night.（昨夜は眠れなかった）　⇒自動詞
② We **enjoyed** the movie.（私たちは映画を楽しんだ）　⇒他動詞
③ He didn't **move**.（彼は動かなかった）　⇒自動詞としての move
④ She **moved** the big table by herself.（彼女はその大きなテーブルを一人で動かした）
　　⇒他動詞としての move

動詞は、主語や時制によって、下の表のように形が変わる。

動詞の変化の例　＊beのみ、「現在形（三人称）」の欄に一人称と二人称も載せてあります。

原形	現在形（三人称）	-ing 形	過去形	過去分詞形
be（ある、いる）	is<am><are>	being	was<were>	been
have（…を持っている）	has	having	had	had
know（…を知っている）	knows	knowing	knew	known
go（行く）	goes	going	went	gone
play（…をする）	plays	playing	played	played
write（…を書く）	writes	writing	wrote	written
make（…を作る）	makes	making	made	made
get（…を得る）	gets	getting	got	gotten/got
give（…を与える）	gives	giving	gave	given
run（走る）	runs	running	ran	run
buy（…を買う）	buys	buying	bought	bought
think（…を考える）	thinks	thinking	thought	thought
sleep（眠る）	sleeps	sleeping	slept	slept
watch（…を見る）	watches	watching	watched	watched
forget（…を忘れる）	forgets	forgetting	forgot	forgotten

✅ 現在形 「…である、…する」

現在の状態（①）や動作（②）を表す。
be 動詞：主語が I の場合　→ am
　　　　　主語が you または複数の場合　→ are
　　　　　主語が三人称・単数の場合　→ is
一般動詞 (be 動詞以外の動詞)：主語が I、you、または複数の場合　→ 原形
　　　　　　　　　　　　　　　主語が三人称・単数の場合　→ 原形に -s または -es などを付ける

① Naoto **is** a thoughtful person.（ナオトは思慮深い人だ）　⇒状態
② I **eat** cereal for breakfast.（私は朝食にシリアルを食べる）　⇒動作

【こんなことが書ける】
習慣／人物の描写（人柄、関係、職業など）

✅ 現在進行形 「…しているところだ」

「be 動詞＋動詞の -ing 形」の形で、現在進行中の動作を表す。

Makoto **is visiting** his friend in Kumamoto right now.
　（マコトは今、熊本にいる友人のもとを訪れている）

❗ **状態を表す動詞は、原則として進行形にしない。**
「状態を表す動詞」の例：be、have、know、believe、understand、like、love、want、need、see、hear など
❗ **現在進行形がカバーするのは「現在」だけではない。**
現在進行形は、「現在」進行中の動作のほか、「今日 (today)」「最近 (these days)」など、ある限られた期間において進行中だったり、繰り返されたりしている動作についても表すことができる。
例　I'm trying to be nice to others these days.（最近、ほかの人たちにやさしくするよう努めている）
❗ **現在進行形は、近い未来の予定についても表すことができる。**
例　He's leaving for Toronto next week.（彼は来週トロントに出発する）

【こんなことが書ける】
「今現在」していること／「最近」など、ある限定された期間における行動／近々の予定

✓ 現在完了形 「(ずっと)…している、…した、…したことがある」

「have<has>＋動詞の過去分詞」の形で、過去のある時点から現在まで継続してきた状態や動作（①）、動作の完了（②）、経験（③）を表す。

① Rob **has been** in Japan for three years.（ロブは日本に住んで3年になる）　⇒継続
② My kids **have** already **read** the books.（うちの子どもたちはもうその本を読んでしまった）
　　⇒完了
③ I'**ve seen** some of his movies.（彼の映画は何本か見たことがある）　⇒経験

完了を表す現在完了の文には、already（すでに）、finally（ようやく）、just（ちょうど）といった言葉がよく添えられる。また haven't ... yet（まだ…していない）のように、yet を伴った否定の形もよく用いられる。
経験を表す現在完了は、haven't ...（…したことがない）、have never ...（一度も…したことがない）などの否定の形もよく用いられる。

❗ 経験の現在完了は、具体的な「時の表現」と用いることができない。

現在完了で経験について述べる場合、last year（昨年）、in my childhood（子ども時代に）、in 2008（2008年に）といった具体的な過去の時を表す表現を一緒に用いることはできない。その場合は、過去形で表す。

例（×）　I've been to Australia in 2008.（2008年にオーストラリアに行ったことがある）
　（○）　I went to Australia in 2008.（2008年にオーストラリアに行った）

【こんなことが書ける】
過去のある時点から継続している習慣／仕事や家事の完了／過去の経験

✓ 現在完了進行形 「ずっと…している」

「have<has> been ＋動詞の -ing 形」の形で、過去のある時点から現在に至るまで動作が継続し、その動作が今も進行中であることを表す。

I'**ve been sitting** on the sofa for half a day.（半日もソファの上にいる）
Emiko **has been waiting** for a call from her daughter in Chicago.
（エミコはシカゴにいる娘からの電話をずっと待っている）

❗ 現在進行形同様、状態を表す動詞は、原則として用いない。

【こんなことが書ける】
最近の生活や仕事の様子／「ずっと…している」「ずっと…だ」といううんざりした気持ち

☑ 過去形 「…だった、…した」

動詞の過去形を用いて、過去のことを表す。

I **went** to a French restaurant with Haruna in the afternoon.
（午後、ハルナとフランス料理のレストランに行った）

【こんなことが書ける】
その日の行動や出来事／少し前～遠い過去の行動や出来事

☑ 過去進行形 「…していた」

「was＜were＞＋動詞の -ing 形」の形で、過去のある時点において進行中だった動作を表す。

I **was jogging** around the park then.（私はそのとき、公園の周囲をジョギングしていた）
We **were playing** tennis outside when it thundered.
（雷が鳴ったとき、私たちは外でテニスをしていた）

【こんなことが書ける】
その日の行動や出来事

☑ 過去完了形 「…してしまっていた」

「had＋動詞の過去分詞形」の形で、過去のある時点から見た、それよりさらに以前のことや、その時すでに完了していたことを表す。

I'd finished my supper when Mom came home.
（お母さんが帰ってきたときには、私は食事を終えてしまっていた）

When we arrived at the theater, the movie **had** already **started**.
(私たちが映画館に着いたときには、映画はもう始まっていた)

【こんなことが書ける】
過去における2つの行動や状態／タイミングが合わなくて残念だった出来事

✓ 時制の一致

主節の動詞の時制と、従節の動詞の時制とを一致させるルールを「時制の一致」という。

① I **thought** he **was** a student.（私は彼のことを学生だと思った）
② I **knew** they **had bought** a house in Kamakura.
（私は彼らが鎌倉に家を購入したことを知っていた）
③ She **said** she **had** to leave early.（彼女は早めに帰らなくてはならないと言った）

①は、主節（I thought）の動詞と従節（he was a student）の動詞の時制が同じ場合の例。I think he is a student.（彼は学生だと思う）を過去形にしたもの。
②は、従節（they had bought ...）の動詞の時制が、主節（I knew）の動詞よりも「以前」の場合の例。私が「知った」ときには、彼らはもう家を「購入済みだった」ことになるので、従節の動詞の時制は、主節の動詞（knew＝過去形）よりも以前、つまり過去完了形になる。
③は、助動詞にも時制の一致のルールが適用されることの例。will、can、have to といった助動詞も、時制に応じて、would、could、had to と過去形に変える必要がある。ただし should には過去形がないので、過去形にすべき場合でも、そのままの形で用いる。
例　I thought we **should** apologize to her.（私たちは彼女に謝るべきだと私は思った）
❗ **口語ではくだけて、時制の一致のルールが適用されないことも多い。**
例　I heard she **is leaving** the company.（彼女が会社を辞めると聞いた）
下線部は、過去形の動詞 heard を受けて、was leaving とするのが文法的には正しい。しかし、「彼女が会社を辞める」ことは、現時点から見ても未来のことなので、口語では is leaving も用いられる。

✓ 仮定法過去　「もし…だったら、～なのに」

「If＋主語1＋動詞の過去形, 主語2＋助動詞の過去形＋動詞の原形」の形で、現実とは矛盾することや、可能性が低いと思っていることについて、「もし…だったら～なのに」と述べる。
下線部を「if 節（または条件節）」、波線部を「主節」と呼ぶ。
主語1と主語2が同一の場合（①）もあれば、異なる場合（②）もある。

① If I **had** time, I **could** get a driver's license. (もし時間があったら、運転免許が取れるのに)
② If I **were** much taller, they **might** ask me to join the basketball club.
(もっと背が高ければ、彼らは僕にバスケットボール・クラブに入ってほしいと頼むかもしれないのに)

助動詞の過去形には would（will の過去形「…なのに」）、could（can の過去形「…できるのに」）、might（may の過去形「…かもしれないのに」）などがある。should（「…べきなのに」）には過去形がないので原形のまま用いられる。

❗ **口語では If I was ... も OK。**
if 節の動詞が be 動詞の場合、主語が一人称（I）や三人称（he、she、Jim、it など）でも were を用いるのが正式な形。ただし、口語では If I was、If she was のように was が用いられることも多い。
例　If I **was** much taller, I would join the basketball club.

【こんなことが書ける】
実現の可能性が低い願望／現状に対する嘆きやぼやき

✔ 仮定法過去完了　「もし…だったら、〜だったのに」

「If ＋主語 1 ＋ had ＋動詞の過去分詞形, 主語 2 ＋助動詞の過去形＋ have ＋動詞の過去分詞形」の形で、過去の事実と矛盾する内容を仮定し、「(あの時) もし…だったら〜だったのに」と述べる。
「仮定法過去」同様、主語 1 と主語 2 は同一の場合も、異なる場合もある。助動詞の過去形についても、「仮定法過去」と同様、would、could、might、should を用いる。

If he **had had** the spoiled milk in the fridge, **he would've gotten** sick.
(もし彼が冷蔵庫のいたんだ牛乳を飲んでいたら、具合が悪くなっていただろう＝冷蔵庫の牛乳を飲まなかったので、具合は悪くならなかった)

【こんなことが書ける】
「…しなければよかった」「…すればよかった」という後悔／「…しなくてよかった」というほっとした気持ち

✓ 不定詞と動名詞

不定詞（to ＋動詞の原形）と動名詞（動詞の -ing 形）は名詞の働きをして、他動詞の目的語となることがある。

他動詞の中には、目的語として「不定詞のみを続けるもの」、「動名詞のみを続けるもの」、「両方を続けることができるもの」がある。

●不定詞のみを目的語に取る動詞

want（want to ...「…したい」）、hope（hope to ...「…したいと思う」）、decide（decide to ...「…することに決める」）ほか。

I **want to visit** Easter Island someday.（いつかイースター島を訪れてみたい）

I **hope to find** a nice sofa table at a reasonable price.
（いい感じのソファテーブルを手頃な価格で見つけたいと思う）

I **decided not to** attend the seminar.（そのセミナーには行かないことにした）
※否定語は to の前に置く

●動名詞のみを目的語にする動詞

finish（finish -ing「…し終える」）、enjoy（enjoy -ing「…するのを楽しむ」）、mind（mind -ing「…することを気にする」）ほか。

I've **finished writing** the report.（レポートを書き終えた）

My brother **enjoys talking** with elderly people.（弟はお年寄りと話をするのを楽しむ）

I don't **mind not having** a TV at home.（家にテレビがなくても気にしない）
※否定語は動名詞の前に置く

●両方を目的語に取るもの

不定詞と動名詞の両方を目的語に取ることができる動詞もある。

ただし、like、start、continue などのように、どちらを続けても意味に違いのないもの（①）と、forget、remember などのように、どちらが続くかで意味に違いが生じるもの（②）があるので注意。

①どちらでも意味に違いのないもの

like（like to ...<-ing>「…するのが好きだ」）、start（start to ...<-ing>「…し始める」）、continue（continue to ...<-ing>「…し続ける」）ほか。

I **like** <u>to walk</u><walking> in the early morning.（早朝に公園を散歩するのが好きだ）
　　My parakeet suddenly **started mimicking**<to mimic> me.
　　（うちのインコが突然私のまねをし始めた）
　　My grandpa continued <u>to work</u><working> after he reached retirement age.
　　（祖父は定年に達した後も働き続けた）

②どちらが続くかで意味に違いが生じるもの
forget（forget to ...「…し忘れる」／ forget -ing「…したことを忘れる」）、remember（remember to ...「忘れずに…する」／ remember -ing「…したことを覚えている、…したことを思い出す」）、stop（stop to ...「…するために立ち止まる」／ stop -ing「…するのをやめる」 ❗参照）ほか。

　　I **forgot to lock** the door this morning.（今朝、ドアに鍵を掛けるのを忘れた）
　　He **forgets borrowing** 2,000 yen from me.（彼は私から2000円借りたことを忘れている）

　　He **remembered to make** the restaurant reservation.
　　（彼は忘れずにレストランの予約をしてくれた）
　　I **remembered seeing** him with his family at a department store.
　　（デパートで彼が家族と一緒にいるのを見掛けたことを思い出した）

❗ **stop to ... の stop は、構造的には自動詞。**
stop -ing（…するのをやめる）の stop は他動詞だが、stop to ...（…するために立ち止まった）の stop は自動詞。つまり、stop to ... は、不定詞を目的語とする他動詞の want to ...（…したい）や hope to ...（…したいと願う）などとは異なる構造をしている。
例　The man suddenly **stopped to** take his cellphone from his bag.（男性はかばんから携帯電話を取り出すため、急に立ち止まった）　⇒自動詞の stop
　　Dad **stopped** buying lottery tickets a long time ago.（父はずいぶん前に宝くじを買うのをやめた）　⇒他動詞の stop

2 名詞

✓「名詞」とは？

物事の名称や人を表す。
数を数えられる**可算名詞**と、数えられない**不可算名詞**とがある。

✓ 可算名詞

数を数えられる名詞には、普通名詞と集合名詞がある。
単数を表す場合には、a<an>（1つの）や the（その）、my（私の）などを名詞の前に付ける必要がある。
複数を表す場合には、名詞を複数形で用いる必要がある。

●普通名詞
物や人の名称を表す名詞。apple（リンゴ）、dog（犬）、book（本）、restaurant（レストラン）、teacher（教師）など。単数の場合は「a<an>＋単数形」（①）、複数の場合は「個数＋複数形」（②）の形で使う。

① I eat **an apple** for breakfast.（朝食にリンゴを1個食べる）
② I needed **five apples** for the pie.（そのパイにはリンゴが5個必要だった）

●集合名詞
family（家族）、class（クラス）、people（人々、民族）、などの集団を指す名詞。
複数形で使われる（①）場合と、単数形のままで複数として扱う（③）場合がある。

① **Three families** shared the cottage that night.
（その夜は、3家族がそのコテージを共同で利用した）
② **His family** lives in Kanazawa.（彼の家族は金沢に住んでいる）
③ **My family** love *sukiyaki*.（うちの家族は全員すき焼きが大好きだ）

①は一家族を1つの単位とした上で「3家族」と数えているので、family そのものが three families と複数形になる。
②は家族を1つのまとまり（＝単数）として扱っているので、単数形の family が用いられ、これを受ける動詞も lives と単数扱い。
③の family は家族全員（＝複数）を指す。見た目は単数形のままだが、複数として扱っているので、動詞は love の形で受けている。
⚠ **アメリカ英語では単数扱い。**

アメリカ英語では、③のような、集合名詞が複数の人や物を指す場合でも、単数扱いされることが多い。
例　My family **loves** *sukiyaki*.

✔ 不可算名詞

固有名詞、物質名詞、抽象名詞、総称などの数を数えられない名詞。

●固有名詞
人、土地、企業、施設、機関などの固有の名前。固有のものなので、原則として複数形にしない。
例　Jennifer（ジェニファー）、Mr. Ishida（イシダ先生）、The Beatles（ビートルズ）
　　Hong Kong（香港）、Mt.<Mount> Fuji（富士山）、Miami（マイアミ）
　　Apple Inc.（アップル社）、the British Museum（大英博物館）
　　Harvard University（ハーバード大学）

●物質名詞
液体、気体、原材料など、形を持たない物質を表す。一定の形を持たないため、数えることができない。
例　water（水）、steam（蒸気）、sugar（砂糖）、salt（塩）、silver（銀）、electricity（［エネルギーとしての］電気）、paper（紙）
　　一定の形を持たないこれらの名詞は、次のような容器や形を単位とすれば、数を表すことができる。

- **a glass of** water<milk><wine>　⇒グラス1杯の…
- **a cup of** tea<coffee>　⇒カップ1杯の…
- **a sheet**<piece> **of** paper　⇒1枚の…
- **a spoon of** sugar<salt>　⇒スプーン1杯の…
- **a bowl of** rice<cereal>　⇒茶碗<ボウル>1杯の…

それぞれ、of の前の単位となる部分を複数形にすることで、複数であることを表せる。
例　two cups of coffee（2杯のコーヒー）、three spoons of sugar（スプーン3杯分の砂糖）
※下線部の形は変わらない

●抽象名詞
主に性質や状態、抽象概念などを表す名詞で、一定の形を持たない。
例　understanding（理解）、kindness（優しさ）、truth（真実）、work（仕事）、homework（宿題）、information（情報）、news（ニュース）、advice（助言）、baseball（野球）、boxing（ボクシング）
※ work や homework は、some（いくらか）、a lot of ...（たくさんの…）などで「量」を表すことは可能。
例　I have **a lot of homework** today.（今日は宿題がたくさんある）
※ information、news、advice は、a piece of ...（1つの…）で数を表すことが可能。
例　She gave me **a piece of advice** on presentation.（彼女はプレゼンに関して、1つの助言をくれた）

●**総称**

さまざまな異なる種類の物から成る集合体の「総称」として用いられる名詞。数えられる実体を持たず、無冠詞、単数で用いられる。

例　furniture（家具。ベッド、いす、机などの総称）
　　jewelry（宝石類。ネックレス、指輪、イヤリングなどの総称）
　　music（音楽。民謡、クラシック、ロックなどの総称）

※ a piece of ... などを使えば数を表すことができる。

　　I left **several pieces of furniture** at my parents' house.（実家に家具をいくつか残してきた）
　　More than **80 pieces of jewelry** were exhibited in the room.
　　　（その部屋には 80 点以上の宝石類が展示されていた）

NOTE 3 形容詞

「形容詞」とは？

名詞を修飾したり（①）、補語として主語を修飾する（②）。

① Yuriko was wearing a **gorgeous** dress.（ユリコは豪華なドレスを着ていた）
　⇒名詞 dress を修飾
② She was **gorgeous** in that dress.（彼女はあのドレスを着てとても華やかだった）
　⇒主語 She に説明を加える

1つの名詞を修飾するのに、複数の形容詞を用いるときには、原則として次のような順番で並べる。
数量　→　意見　→　サイズ　→　新旧・年代　→　色　→　出所　→　素材
例　my　two　young　nephews（私の二人の幼い甥）
　（代名詞）数量　年代　（名詞）
　　the　large　Japanese　ceramic　doll（その大きな日本の陶器の人形）
　（冠詞）サイズ　出所　　素材　　（名詞）

-ing形の形容詞

「…を〜させる」という他動詞から派生した形容詞で、動詞の -ing 形をしている。
文の主語（人・物）が、人にある印象や感想・感情を抱かせる場合に用いられる。

The movie was **boring**.（その映画は退屈だった）
　⇒他動詞 bore …（…を退屈させる）の -ing 形
Last night's game was so **exciting**.（昨夜の試合はとても刺激的だった）
　⇒他動詞 excite …（…を興奮させる）の -ing 形

主語を補語として修飾するだけでなく、名詞を修飾することもできる。
例　It was a **boring** movie.（退屈な映画だった）　⇒名詞 movie を修飾
　　It was an **exciting** game.（刺激的な試合だった）　⇒名詞 game を修飾

✓ -ed 形（過去分詞形）の形容詞

「…を～させる」という他動詞から派生。動詞の -ed 形（過去分詞形）をしている。
文の主語（人）が抱いている印象や感想などの感情を表す。by、at、with などの前置詞を続けて、その感情の原因を示すことができる。

I was **surprised** at the news.（そのニュースに驚いた）
 ⇒他動詞 surprise ...（…を驚かせる）の -ed 形

I was **disappointed** with the test result.（テストの結果にがっかりした）
 ⇒他動詞 disappoint ...（…をがっかりさせる）の -ed 形

-ed 形にはもともと受け身の意味があり、**surprised** look（驚かされた顔つき＝驚いた顔つき）、**excited** audience（興奮させられた観客＝興奮した観客）などのように、名詞の前に置いて使うこともできる。

NOTE 4 　副詞

✓ 「副詞」とは？

副詞は、動詞（①）、形容詞（②）、ほかの副詞（③）、文全体（④）を修飾する。

① Cathy answered all the questions **correctly**. （キャシーはすべての問いに正しく答えた）
　⇒動詞 answered を修飾
② My sister has been **extremely** busy with her baby. （妹は赤ちゃんの世話で非常に忙しい）
　⇒形容詞 busy を修飾
③ I ran into Fumiko **quite** recently. （つい最近、フミコにばったり会った）
　⇒副詞 recently を修飾
④ **Unfortunately**, I wasn't able to attend the lecture.
　（残念ながら、その講義には出られなかった）　⇒文全体を修飾

副詞が置かれる位置には、一定の原則がある。

・様子を表す副詞（quickly、loudly、beautifully など）　⇒自動詞、「他動詞＋目的語」の後
　This week went by **quickly**. （今週はあっという間に過ぎた）

・程度を表す副詞（completely、almost、strongly など）
　　⇒一般動詞の前、be 動詞・助動詞の後ろ
　I **completely** forgot about his call. （彼からの電話のことをすっかり忘れていた）

・頻度を表す副詞（always、often など）　⇒一般動詞の前、be 動詞・助動詞の後ろ
　My sister **often** travels around the country. （姉はよく国内を旅行する）

・時を表す副詞（yesterday、lately、tomorrow など）　⇒自動詞、「他動詞＋目的語」の後ろ
　I've gained weight **lately**. （最近体重が増えた）

・場所を表す副詞（here、downtown、abroad など）　⇒自動詞、「他動詞＋目的語」の後ろ
　I found a cozy cafe **downtown**. （繁華街で居心地の良さそうなカフェを見つけた）

副詞には、形容詞に -ly を付けた形のものが多い。

例 quickly（素早く）、slowly（ゆっくりと）、strongly（強く）、completely（完全に）、absolutely（絶対に）、beautifully（美しく）、really（本当に）、pleasantly（楽しく）、carefully（慎重に）　ほか

ただし、例外も多いので要注意。

⚠ **見た目は「形容詞＋ ly」でも、形容詞とは意味がまったく異なるものもある。**

例 hardly（ほとんど…ない）　「hard + ly」だが「(×) 難しく、つらく」という意味ではない
　　 nearly（ほとんど、ほぼ）　「near + ly」だが「(×) 近くに」という意味ではない

⚠ **形容詞と同形のものもある。**

例 fast（[形容詞] 速い／[副詞] 速く）
　　 straight（[形容詞] 真っすぐな／[副詞] 真っすぐに）
　　 early（[形容詞] 早い／[副詞] 早く）　ほか

5 接続詞

接続詞とは

接続詞は、語と語（①②）、句と句（③④）、節と節（⑤⑥）などをつなぐ語。

① I had lasagna **and** salad for dinner.（夕食にラザニアとサラダを食べた）
⇒「lasagna」と「salad」
② The hotel room was spacious **but** dim.（ホテルの部屋は広々としていたが、薄暗かった）
⇒「spacious」と「dim」
③ Midori has never traveled abroad **or** left Kumamoto.（ミドリは海外旅行をしたことも熊本の外に出たこともない）　⇒「traveled abroad」と「left Kumamoto」
④ I'll order a pizza delivery **and** watch all the DVDs tonight.（今夜はピザの配達を頼んでDVDを全部見るとしよう）　⇒「order a pizza delivery」と「watch all the DVDs」
⑤ She sends me a Christmas card, **and** I send her a New Year's greeting card.
（彼女は私にクリスマスカードを送ってくれ、私は彼女に年賀状を送る）
⇒「She sends me a Christmas card」と「I send her a New Year's greeting card」
⑥ My mother takes our dog for a walk **after** my father leaves for work.
（父が仕事に出た後、母は犬を散歩に連れていく）
⇒「My mother takes our dog for a walk」と「my father leaves for work」

①〜⑤の各接続詞は、2つの要素を対等につないでいる。これらを「等位接続詞」と呼ぶ。
⑥の母が犬を散歩に連れていくタイミングを表す「my father leaves ...」の節は、「My mother takes ...」があることによって意味を持つ。対等ではない関係にある節を結ぶこのような接続詞を「従属（または従位）接続詞」と呼び、ほかに before、if、that、whether、because、when、while などがある。

等位接続詞「and」

等位接続詞の and は、「A and B」の形で語（句）と語（句）をつなぐことができるが、その場合、A と B とは同じ品詞でなくてはならない。

I like red **and** orange.（赤もオレンジも好きだ）　⇒名詞「red」と「orange」

❗ 「A も B も…ない」は「not A or B」。
「A and B」の A と B を両方否定するには「not A or B」（A も B も…ない）と、and ではなく or にする。
例　I don't like red **or** orange.（赤もオレンジも好きではない）

日記に感情をプラスする

ひとこと表現集

日記にちょっと添えるだけで、イキイキと感情を表現してくれる喜怒哀楽のひとこと表現を集めました。その日の気持ちにピッタリの表現を探して、どんどん使ってみましょう。

Aha! 【そうか!】

「そうか!」「わかったぞ!」といった意味です。[アーハ]のように発音します。ah ha ともつづられます。

Yuko has been on a diet. **Aha!** That's why she's bringing her lunch these days.

(ユウコはダイエット中。そうか! だから最近、お弁当持参なのね)

語注　be on a diet：ダイエット中である

All right. 【やったー!】【わかったよ】

「やったー!」「いいぞ!」「よし!」といった、テンションの高い感嘆を表すこともあれば、

「わかったよ」「もういいよ」「はいはい」といった、うんざりした気持ちを表すこともあります。

Hiroshi will join us in our camping trip. **All right!**

(ヒロシが僕たちと一緒にキャンプ旅行に来る。やったー!)

Boo-hoo. 【うぇ～ん】

「うぇ～ん」「シクシク」「トホホ」と泣きたくなるような気持ちを表します。boo-hoo-hoo とも。

I found a moth hole in my coat. **Boo-hoo.** That was my favorite coat.

(コートに虫食い穴を発見。うぇ～ん。お気に入りのコートだったのに)

語注　moth hole：虫食いの穴　coat：コート

Awesome! 【すごい！】

「すごい！」「最高！」といった称賛を表します。特に若者が好んで使う表現です。

King Kazu scored two goals tonight! Awesome!

（キング・カズが今夜2本ゴールを決めた。すごい！）

語注　score a goal：ゴールを決める、シュートを決める

Come on! 【もう！】

いろいろな意味がありますが、日記では、「もう！」「いいかげんにして」「冗談じゃない」といったいらだちや怒りを表すときに使うと効果的です。

He canceled our date again. Come on! It was his idea to go out tonight.

（彼がまたデートをキャンセルしてきた。もう！　今夜のデートは彼の考えだったのに）

語注　cancel ...：…をキャンセルする　go out：デートする

Duh. 【そんなの当たり前だ】

相手の発言に対する、「そんなの当たり前だ」といった反発や皮肉を表します。

Mom said, "Don't you know there's only a week left before the exam?" Duh.

（母さんに「試験まであと1週間しかないってわかってるの？」と言われた。そんなのわかってるよ）

Gee. 【まぁ】【へぇ】【ちぇっ】

「あらまあ」「へぇ」「それは驚いた」といった驚きや称賛を表します。Jesus のえん曲表現です。「ちぇっ」「あーあ」のような不満を表す場合もあります。

Yuri won a million yen in the lottery!
Gee, she's really lucky!

（ユリが宝くじで100万円を当てた！　まぁ、うらやましいなぁ！）

語注　lottery：宝くじ

139

Cool. 【カッコイイ！】

「カッコイイ！」「イカしてる！」「イイね！」といった称賛の気持ちを表します。

I saw Eri riding a motorcycle today. Cool!

(今日、エリがバイクに乗っているのを見かけた。カッコよかった！)

語注　motorcycle：バイク

Great. 【素晴らしい】【やれやれ】

「素晴らしい」「それはよかった」のように文字通りの意味で使われる一方、皮肉として、「やれやれ」「やってくれるじゃないか」など、まったく逆の意味でも使われます。

The air conditioner has broken down. It's supposed to be sweltering tonight. Great.

(エアコンが壊れた。今夜はうだるような暑さになるっていうのに。やれやれ)

語注　air conditioner：エアコン　break down：壊れる　sweltering：うだるように暑い

Darn. 【ちぇっ】

思い通りにいかない場面で、「ちぇっ」といった不満や失望を表します。

I really felt like Chinese food tonight, but my favorite Chinese place is closed on Thursdays. Darn .

(今夜はすごく中華の気分だったのに、私の好きな中華料理店は毎週木曜が休み。ちぇっ)

語注　feel like ...：…の気分だ　place：店（特に飲食店）
　　　on Thursdays：毎週木曜日に。曜日に複数形のsを付けると、「毎週…」の意味になる

Disgusting. 【気持ちが悪い】

「気持ちが悪い」「ムカつく」「不愉快だ」「最低」など、嫌悪感を表します。

There was a huge centipede at the entrance. Disgusting.

(玄関にすごく大きなムカデがいた。気持ち悪い)

語注　huge：巨大な　centipede：ムカデ　entrance：玄関

Ew. 【オエッ】

「オエッ」「ゲッ」「気持ち悪い！」といった嫌悪感や不快感を表します。eww、ewwww のように、w を重ねた強調の形でもよく使われます。

Takuya puts mayonnaise on everything. He had it on rice today. Ewwww.

(タクヤは何にでもマヨネーズをかける。今日はご飯にかけていたっけ。オエ〜)

語注　mayonnaise：マヨネーズ

Gross. 【ゾッとする】

「ゾッとする」「気持ち悪い」という強い嫌悪感や不快感を表します。

I never get used to the look of porridge. My husband loves it for breakfast. Gross.

(オートミールがゆの見た目には、どうしても慣れないわ。
　うちの夫はあれを朝食に食べるのが好きなのよね。ゾッとするわ)

語注　get used to ...：…に慣れる　look：見た目　porridge：オートミールがゆ

Huh?／Huh. 【はあ？】【フン！】

「はあ？」「何だって？」のようなあきれた気持ちや、「フン！」といった反発を表します。

Yoshiki said I was stubborn. Huh? What about himself?

(ヨシキが私のことを頑固だと言った。はあ？　自分はどうなのよ？)

語注　stubborn：頑固な

Hurray! 【わーい!】

「わーい!」「やったー!」といった感嘆です。hurrah、hooray などともつづられます。

Hurray! Today is the beginning of summer vacation!

(わーい!　今日から夏休みだ!)

My goodness. 【まあ】

「まあ」「なんと」のような驚き、「やれやれ」「よかった」のような徒労感やほっとした気持ちを表します。

My goodness! My mother-in-law just started to play golf at the age of 80. I'm always amazed by her vitality.

(なんと!　お義母さんが80歳でゴルフを始めた。彼女の元気にはいつも驚くわ)

語注　mother-in-law：義理の母、姑　vitality：元気、生命力

Oh, boy. 【おや】【やった】【あ〜あ】

「やった!」(喜び)、「おや」(驚き)、「あ〜あ」(がっかり) など、前後の文脈によって、さまざまなニュアンスを表します。

I'm going to get a mountain bike from Dad for my birthday. **Oh, boy!**

(誕生日にパパからマウンテンバイクがもらえる。やったね!)

語注　mountain bike：マウンテンバイク

Oh, no. 【しまった】

失敗や好ましくない状況に対する「しまった!」「いけない!」「マズい!」といった驚きの反応や、「そんなぁ」「あ〜あ」といった落胆の気持ちを表します。

I've lost my wallet. **Oh, no!** My driver's license was in it, too!

(財布をなくした。しまった!　運転免許証もあの中だった!)

語注　driver's license：運転免許(証)

No way. 【絶対にイヤ】

「絶対にイヤ」「冗談じゃない」「あり得ない」など、拒絶や強い否定を表します。

My brother asked me to let him use my brand-new car on Sunday. No way!

(弟が日曜に私の新車を貸してほしいと頼んできた。冗談じゃないわ！)

語注　brand-new：新品の、真新しい

Oops! 【しまった!】【おっと】

「しまった」「マズい」「おっと」「あらら」など、へまや思わぬ失敗に対する驚きを表します。

I have to write a book report by Thursday. Oops! That's tomorrow!

(木曜までに読書感想文を書かなくちゃ。しまった！　それって明日じゃないの！)

語注　book report：読書感想文

Ouch! 【痛い!】【痛そう】

「痛い!」「イタタ…」など苦痛を感じたときの表現です。肉体的な痛みに限らず、

「しまった！」のような、心理的ダメージや痛手にも使われます。

また、「わ〜、痛そう！」など、人の苦痛に同情する気持ちも表すことができます。

Joe fell down the stairs at the office and sprained his ankle. Ouch!

(ジョーが会社で階段から落ちて、足首をねんざしてしまった。痛そう！)

語注　fall down ...：…から落ちる　stairs：階段

　　　sprain *one's* ankle：足首をねんざする

Phew. 【ふう】

危うく難を逃れたり、骨の折れる作業を終えたりしたときの、「ふう」「やれやれ」などの
ほっとした気持ちや疲労感を表します。whew とつづることもあります。「フュー」のように発音します。

Mom almost threw away some of my comic books. Phew. That was close.

(母さんがもう少しで僕のマンガ本を捨ててしまうところだった。ふう。危なかったな)

語注　throw away ...：…を捨てる　That was close.：危ないところだった。

Shoot. 【ちぇっ】【くそ】

「ちぇっ」「くそ」といったいらだちや怒り、がっかりした気持ちを表します。

I learned Perfume had been on TV tonight. Shoot! I missed it.

(今夜、パフュームがテレビに出ていたんだって。ちぇっ！　見逃しちゃった)

語注　on TV：テレビに出て　miss ...：…を逃す

Uh-oh. 【あらら】

「おっと」「あらら」。失敗したときや困った状況に直面したときなどに使います。

Uh-oh. I completely forgot about our anniversary.
She might be mad at me.

(おっと、記念日のことをすっかり忘れていたなぁ。彼女、怒ってるかも)

語注　anniversary：記念日　mad：怒って

Wow. 【うわぁ】

「うわぁ」「すごい」といった驚きや喜びを表します。

Wow, it's been almost a decade since I came to Osaka. Time flies.

(うわぁ、大阪に来てから10年近くになるのか。時がたつのは早いなぁ)

語注　decade：10年

Super! 【素晴らしい!】

「素晴らしい!」「すごい!」といった驚きや感嘆を表します。

Ritsuko managed to reserve the best table in the restaurant for Kai's birthday party next week. Super!

(リツコが来週のカイの誕生日パーティーに、あのレストランで最高の席を押さえた。素晴らしい!)

語注　reserve ...：…を予約する

Yikes. 【きゃあ】

「きゃあ」「わあ」といった驚きやちょっとした怖さを表します。

Yikes! I have only 3,000 yen in my wallet. The next payday is still two weeks away.

(わぁ!　財布に3000円しかない。次の給料日までまだ2週間あるのに)

語注　payday：給料日

Yummy. 【おいしい】【おいしそう】

「おいしい」「おいしそう」という意味で、本来は幼児語です。

何かおいしい物のことを思い浮かべたり、思い出したりしたときに使ってみましょう。

Mom is going to make *chirashi-zushi* for us tomorrow. Mmm, yummy!

(お母さんが明日、ちらしずしを作ってくれる。う〜ん、おいしそう!)

身近な話題がもっと書ける♪

4大テーマ「使える」表現集

日常の出来事をつづる日記で活躍してくれそうな表現を、
「人間関係」「体調」「余暇」「買い物」のテーマ別に厳選しました!

♥ 人間関係の表現

- ☐ …と知り合う ▶ meet<get to know> …
- ☐ …と仲良くする ▶ get along with …
- ☐ …と意気投合する ▶ hit it off with …
- ☐ …と親しくしている ▶ be friends with …
- ☐ …と付き合っている ▶ be seeing<going out with> …
- ☐ …と口論をする ▶ argue<have an argument> with …
- ☐ …と大げんかをする ▶ have a big fight with …
- ☐ …と気まずい関係にある ▶ be in a sour relationship with …
- ☐ …を裏切る(=浮気をする) ▶ cheat on …
- ☐ …を振る ▶ dump …
- ☐ …を<お互いに>無視する ▶ ignore …<each other>
- ☐ …と仲直りする ▶ make up with …
- ☐ よりを戻す ▶ get back together
- ☐ …と不仲になる ▶ get on bad terms with …
- ☐ …と別れる ▶ break up with …
- ☐ 絶交する ▶ break off one's friendship
- ☐ 疎遠になる ▶ drift apart
- ☐ …と旧交を温める ▶ renew one's friendship with …

体調の表現

- ☐ 熱＜高熱＞＜微熱＞がある ▶ have a fever＜high fever＞＜slight fever＞
- ☐ 頭痛＜片頭痛＞＜胃痛＞＜腹痛＞がする
  ▶ have a headache＜a migraine＞＜a stomachache＞＜an abdominal pain＞
- ☐ 吐き気＜めまい＞がする ▶ feel sick＜dizzy＞
- ☐ 血圧が高い＜低い＞ ▶ have high＜low＞ blood pressure
- ☐ 腰＜歯＞が痛い ▶ have a backache＜toothache＞
- ☐ 肩がこる ▶ have stiff shoulders
- ☐ 筋肉痛だ ▶ have sore muscles
- ☐ 脚がつる ▶ get a leg cramp
- ☐ …の筋を違える ▶ strain one's ... ※「首の筋を違える」なら strain one's neck
- ☐ …をねんざする ▶ sprain one's ...
- ☐ …を骨折する ▶ break one's ...
- ☐ ぎっくり腰になる ▶ slip a＜one's＞ disk
- ☐ むくんでいる ▶ be swollen
- ☐ …がかゆい ▶ One's ... be itchy＜itch＞ ※「目がかゆい」なら My eyes are itchy.、または My eyes itch.
- ☐ 物もらいができる ▶ have a sty in one's eye
- ☐ 鼻血が出る ▶ get a nosebleed
- ☐ 鼻水が出る ▶ have a runny nose
- ☐ くしゃみ＜せき＞が止まらない ▶ keep sneezing＜coughing＞
- ☐ …にアレルギーがある ▶ be allergic＜have an allergy＞ to ...
- ☐ 花粉症＜猫アレルギー＞＜ほこりアレルギー＞＜そばアレルギー＞に苦しむ
  ▶ suffer from a pollen＜cat＞＜dust＞＜buckwheat＞ allergy
- ☐ …を切る ▶ cut one's ...
- ☐ あざができる ▶ have a bruise＜be bruised＞
- ☐ 吹き出物ができる ▶ get a pimple

余暇の表現

- ☐ 街に出る ▶ go downtown
- ☐ 映画に行く ▶ go to the movies
- ☐ DVD をレンタルする ▶ rent some DVDs<movies>
- ☐ テレビゲームをする ▶ play some video games
- ☐ ネットサーフィンをする ▶ surf the Net<Web>
- ☐ 食べ放題のレストランに行く ▶ go to an all-you-can-eat restaurant
- ☐ カフェでランチをする ▶ have lunch at a cafe
- ☐ プールへ泳ぎに行く ▶ go to a pool for a swim
- ☐ ヨガをする ▶ do yoga
- ☐ テニス<野球><サッカー><ゴルフ>をする ▶ play tennis<baseball><soccer><golf>
- ☐ サーフィンをしに行く ▶ go surfing
- ☐ ドライブに出掛ける ▶ go for a drive
- ☐ 海<渓流>釣りに行く ▶ go deep-sea<mountain> fishing
- ☐ バンド仲間と音楽を演奏する ▶ play music with *one's* fellow band members
- ☐ 油絵<水彩画>を描く ▶ paint oil paintings<watercolors>
- ☐ 美術館に行く ▶ visit an art museum
- ☐ 刺しゅうをする ▶ do embroidery
- ☐ 編み物をする ▶ knit
- ☐ 裁縫をする ▶ sew
- ☐ パン<クッキー>を焼く ▶ bake bread<cookies>
- ☐ ペット<飼い犬><飼い猫>の世話をする ▶ care for *one's* pet<dog><cat>
- ☐ ハーブ<野菜>を育てる ▶ grow herbs<vegetables>
- ☐ 撮影旅行をする ▶ travel with a camera
- ☐ 野鳥観察に行く ▶ go bird-watching
- ☐ 山に登る ▶ climb a mountain

買い物の表現

- ☐ …を衝動買いする ▶ buy ... on impulse
- ☐ 買い物しまくる ▶ go on a shopping spree
- ☐ バーゲンに行く ▶ go to a sale
- ☐ …を〜パーセント引で買う ▶ buy ... at a 〜 percent discount
- ☐ 春＜夏＞＜秋＞＜冬＞物を買う
    - ▶ buy spring<summer><autumn または fall><winter> clothes
- ☐ 掘り出し物を見つける ▶ make a lucky find<find a real bargain>
- ☐ …を取り寄せてもらう ▶ put ... on backorder
- ☐ …を取り置きする ▶ put ... on hold
- ☐ …を通信販売で買う ▶ mail-order ...
- ☐ …をネットショッピングで買う ▶ buy ... online
- ☐ …をネットオークションで買う ▶ buy ... at an online auction
- ☐ …をフリーマーケットで買う ▶ buy ... at a flea market
- ☐ ウィンドウショッピングに行く ▶ go window-shopping
- ☐ ネットショッピングをする ▶ shop online
- ☐ …を分割で買う ▶ buy ... on installments
- ☐ …を3回払い＜一括＞で支払う ▶ pay in three installments<one payment>
- ☐ …をクレジットカードで買う ▶ buy ... with *one's* credit card
- ☐ …を返品する ▶ return ...
- ☐ …を交換してもらう ▶ have ... exchanged
- ☐ 返金してもらう ▶ get a refund

日記表現INDEX

書きたいことが見つかる!

本編の「こんなふうに使います」、「入れ替え表現集」、「例えばこう書く」から選ばれた日記に役立つ表現約800を、日本語で引くことができる便利な索引です。

- 汎用性のある表記を心掛けたため、活用形、冠詞、名詞の単複など、本文での使用例と異なる場合があります
- 登場する場所(ページ)は、最多2ヵ所まで記載しています
- 英語の斜体部分は次のように使い分けられています

one's ▶ *one's* の場所には、文の主語と一致する所有格の人称代名詞(my、his、Mayumi's など)が入ります。

例)「give ... *one's* e-mail address(…にEメールアドレスを教える)」の場合
I gave Miki my e-mail address. (私はミキに私のEメールアドレスを教えた)
文の主語が「I」なので、所有格は「my」になります。

someone's ▶ *one's* 同様、所有格の人称代名詞ですが、文の主語と一致しないことが多いケースです。

例)「read *someone's* e-mail(…からのEメールを読む)」の場合
I read his e-mail. (彼からのEメールを読んだ)
文の主語は「I」ですが、所有格は my ではなく「his」です。

oneself ▶ myself、himself、herself などの再帰代名詞が入ります。文の主語と一致します。

例)「blame *oneself*(自分自身を責める)」の場合
He should blame himself. (彼は自分自身を責めるべきだ)
文の主語が「He」なので、再帰代名詞は「himself」になります。

【あ】

(…に)あいさつする	say hello to ...	72
ICレコーダー	IC recorder	80
(…に)アイロンを掛ける	iron ...	66
(…に)悪戦苦闘する	struggle with ...	18
朝一晩に	first thing in the morning	91
新しい土地	new place	84
(…を)当たり前だと思う	take ... for granted	43
暑い	hot	52
アドバイスを聞く	ask for some advice	112
アニメ	animation<cartoon>	46、82
アパート	apartment	40
アパートの契約	apartment lease	68
(…を)あまやかす	spoil ...	43
(…を)編む	knit ...	16
雨が降る	rain	20
アメリカ大統領	U.S. president	42
(…に)謝る	apologize to ...	56
現れる	show up	68
アルバイト	part-time job	47
アレルギー薬	allergy medicine	40
安価な	inexpensive	44
アンケートに記入する	complete a questionnaire	62
(…だと聞いて)安心する	be relived to hear ...	79
アンティークの	antique	44

【い】

(…を)言いくるめて〜させる	talk *someone* into *-ing*	81
家で食事をする	eat at home	70
家にいる	be home	38
家にいる	stay home	38
家に着く	get home	38
家に手紙を書く	write home	38
(…を)家に持ち帰る	take ... home	60
(…を)家に忘れる	leave ... at home	23
家の手伝いをする	do *one's* chores	28
意外な	surprising	36

150

いくつかの	several	32
(…といて)居心地がいい	feel comfortable with ...	14
意志	will	34
(…を)維持する	maintain ...	54
医者にかかる	see a doctor	112
(…に)移住する	move to ...	74
急いで	in a hurry	106
痛み	pain	72
一日中	all day	23
いつか	someday	71
1回で	on *one's* first try	74
1週間休みを取る	take a week off	24
一点	piece	45
いつものように	as usual	111
(…)以内に	within	74
(…のために〜を)祈る	wish ... 〜	84
イライラする	get annoyed	52
(…に)イライラする	get impatient with ...	52
飲酒運転する	drink and drive	46
印象的な	impressive	45
(…を)インストールする	install ...	114
インフルエンザ	flu	34

【う】

ウエーター	waiter	32
上の階へ	upstairs	38
ウォーター(水上)スキーをする	water-ski	80
(…に)受かる	pass ...	64
(ダンスの)動き	move	117
うたた寝する	take a nap	18
(…を)打ち切る	cancel ...	106
(…の)内ポケット	inner pocket of ...	80
宇宙人	alien	22
うっかり	carelessly	60
美しさ	beauty	44
うまく行く	go well	79、84
(…と)うまくやる	get along with ...	57
(…を)裏切る	cheat on ...	37
うれしい	be thrilled	64

うわさ	rumor	20
運転免許試験	diving test	74
運転免許を取る	get a driver's license	68
運動神経がよい	athletic	92
運動をする	exercise	70

【え】

映画に行く	go to the movies	16
映画に出る	appear in a movie	58
(映画館で)映画を見る	see a movie	82
(テレビ、DVDで)映画を見る	watch a movie	82
営業会議	sales meeting	94
ATM へ行く	go to an ATM	94
笑顔	smile	44
Lサイズの	large-size	60
絵を(絵の具で)描く	paint	113
エンターテイナー	entertainer	83

【お】

(…を)応援する	support ...	70
(…を)応援する	cheer for ...	111
OKする	say OK	84
大げんかをする	have a big fight	16
大家	landlord	87
大雪が降る	snow heavily	20
オールスター戦	All-Star Game	64
お菓子	snack	28
お気に入りの	favorite	59
(…の身に)起きる	happen to ...	115
遅れてくる	come late	68
幼なじみ	childhood friend	87
(…に)収まる	fin it ...	80
おじ	uncle	44
おじいちゃん	Grandpa	24
(…との)おしゃべり	chat with ...	50
おしゃべりをする	chat	40、44
(…と)おしゃべりをする	chat with ...	87
おしゃれな	stylish	44、59
遅い時間に帰宅する	come\<get\> home late	29、38

151

日本語	英語	ページ
遅番で働く	work the late shift	26
落ち込む	get depressed	52
お茶の時間	teatime	75
おとなしい	quiet	115
踊る	dance	80
驚いて	amazed	36
驚いて	shocked	37
驚いて	surprised	36
(…を)驚かせる	surprise ...	78
おば	aunt	44
おばあちゃん	Grandma	16
お見舞いの	get-well	79
(…を)思い付く	think of ...	106
(…に)折り返し電話をする	return one's call	94
下ろしたての	brand-new	72
お別れのプレゼント	farewell gift	110
(…に)おわびをする	make an apology to ...	61
音楽の才能がある	have musical talent	64
温泉	hot spring	44

【か】

日本語	英語	ページ
海外へ	abroad<overseas>	38
解散する	break up	26
外資系企業	foreign company	58
会社を辞める	leave the company	107
外出する	go out	70
(…を)改築する	renovate ...	100
快適な	pleasant	102
買い物に行く	go shopping	16
カウチ	couch	38
(…に〜を)返す	give ... back 〜	96
(…を)返す	return ...	94
帰り(道)に	on the<one's> way home	28、82
帰りに	on the way back	94
(…に)換える	switch to ...	68
家具	furniture	32
がくぜんとして	stunned	36
(…と)格闘する	struggle with ...	117
(…に)かけて	toward ...	53

日本語	英語	ページ
傘	umbrella	32
家事	housework	114
(…の)画集	book of paintings by ...	113
風邪薬	cold medicine	112
家族の集まり	family get-together	50
家族の用事	family business	85
カタログから…を買う	buy ... from a catalog	32
カタログショッピング	catalog shopping	33
花壇	flowerbed	40
がっかりして	disappointed	86
学期	semester	89
家庭菜園	one's garden	78
(…に)金を貸す	lend ... money	84
(…から)金を借りる	borrow money from ...	32、70
金を払って…する	pay to do	118
髪形	hairstyle	30
カラオケに行く	go to karaoke	70
(…を)からかう	tease ...	28
(…を)空にする	empty ...	16
(…を)借りる	borrow ...	32
環境にやさしい	environmentally friendly	70
観光	sightseeing	44、74
看護師	nurse	58
(…してくれたことを〜に)感謝する	thank ... for -ing	109
(…に)関心がある	be interested in ...	86
簡単に	easily	52
(…を)感動させる	impress ...	54

【き】

日本語	英語	ページ
機会	opportunity	65
着替える	change one's clothes	28
気が散る	get distracted	52
効く	work	72
機嫌が悪い	grumpy	86
気さくな	friendly	44
記事	article	19
希少性	rarity	44
ギターを演奏する	play the guitar	74
帰宅する(帰ってくる)	come home	14

152

帰宅する(帰って行く)	go home	38
帰宅途中に	on the way home	38
(…だと)気付く	realize ...	24
(…するのを)気にする	mind -ing	40、41
(…のすべての項目に)記入する	complete ...	63
記念日	anniversary	94
期末テスト	finals	98
キャンセル料	cancellation charge	40
キャンプ旅行	camping trip	32
急行列車	express (train)	105
休日	non-working day	70
急停車する	make a sudden stop	104
給料日	payday	26
(…に)興味があって	curious about ...	86
巨大な	huge	82
(…を)嫌う	hate	106
キロ	kilometer	40
(…と)議論する	argue with ...	56
(…に)気を配る	pay attention to ...	72
(…に)気を付ける	be careful with ...	25
緊急停車する	make an emergency stop	104
金欠の	broke	33
緊張して	nervous	72、86

【く】

(…に)偶然会う	run into ...	15、88
(…を)偶然見つける	come across ...	97
(…に〜について)苦情を言う	complain to ... about 〜	42
薬を服用する	take one's medicine	60
靴	shoes	32
靴下	socks	32
(…するのを)苦に思う	mind -ing	46
クモ	spider	82
クライアント	client	60
暗くなる	get dark	52
グラス1杯の	a glass of ...	32
クラス会	class reunion	68
来る	show up	85
(…を)車で家まで送る	drive ... home	38

車の鍵	car keys	18
(…に)車を貸す	let someone use one's car	84
車をへこませる	dent a car	60
クレジットカード	credit card	46
(…として)訓練を受ける	train as ...	58

【け】

芸術家肌の	artistic	92
携帯でメールを打つ	text	80
携帯電話	cellphone	23
競馬で大儲けする	make a lot of money on a horse race	64
経理課	accounting section	61
経理部	accounting department	22
景色	scenery	72
化粧をする	put on makeup	70
結局	after all	81
結婚式	wedding	26
(…と)結婚している	be married to ...	58
結婚する	get married	64
結婚パーティー	wedding reception	98
決勝戦	final	111
決断をする	make a decision	104
けんか	fight	118
玄関へ来客の応対に出る	answer the door	18
元気そうに見える	look well	15
現金	cash	46
健康診断	medical checkup	63
健康に気を付ける	pay attention to one's health	20

【こ】

恋人(男性)	boyfriend	37
(…の)幸運を祈る	wish ... a luck	84
(…を)後悔する	regret ...	56
(…に)合格する	pass ...	74
豪華な	gorgeous	45
講義	lecture	80
好奇心	curiosity	70
高級な	expensive	67
航空便	flight	93

高校時代	high school days	96
高校時代に	in *one's* high school days	58
広告看板	billboard	82
(…を)更新する	renew ...	62、68
高性能の	high-spec	44、55
好物	favorite	41
興奮して	excited	36
ゴールデンウィーク	the Golden Week holidays	18
告白する	confess	108
心から	honestly	35
(…に)心を奪われる	fall in love with ...	39
古書店	antiquarian bookstore	78
ゴスペル	gospel music	14
(今日の)午前中	this morning	18
小遣い	allowance	17
骨董店	antique shop	39
子ども	kid	40
このところ	lately	20
ご飯	rice	32
CM	commercial	42
ゴミを分別する	separate the trash	114
コメディアン	comedian	35
(…に)ごめんと言う	say sorry to ...	72
(…を)こらえる	endure ...	72
ゴルフ	golf	22
コンサート	concert	26
コンテスト	contest	116
困惑して	confused	36

【さ】

サーブ	serve	111
最近	these days	52
最高級の	high-end	44
(…の)最終回	last episode of ...	82
(…の)最新作(映画)	*someone's* latest movie	82
サイズが合わない	be not my size	92
(…を)再生する	play ...	114
(…の)才能	talent for ...	34
財布	wallet	16

(…の)再放送	rerun of ...	82
最優秀…に選ばれる	be chosen as the best ...	58
採用試験	recruitment assessment	21
採用面接	job interview	64
(…を)探す	look for ...	92
咲く	bloom	20
昨年のこの時期	at this time last year	18
昨年の夏	last summer	18
桜	cherry blossoms	20
(…に向かって)叫ぶ	shout at ...	44
(…を〜に)誘う	invite ... to 〜	42
サッカーの試合	soccer match	82
サッカーの試合観戦に行く	go to a soccer game	78
サッカーをする	play soccer	46
(…を)さっと見る	take a look at ...	104
雑用	chore	74
(…がいなくて)寂しく思う	miss ...	31
作法	manner	34
皿洗い	do the dishes	47
サラダ	salad	44
(…に)参加する	attend ...	80
残業する	work overtime	20

【し】

ジーンズ	jeans	32
(…)し終わる	complete *-ing*	16
紫外線	ultraviolet<UV> rays	98
時間のかかる	time-consuming	93
事業を始める	start *one's* own business	74
刺激的な	exciting	36
仕事の約束	business appointment	94
仕事を家に持ち帰ってくる	bring work home	38
静かになる、黙り込む	become quiet	25
静かに	quietly	34
(…)したい気分だ	feel like *-ing*	19
(…を)下取りに出す	trade in ...	54
下の階へ	downstairs	38
(…を)試着する	try on ...	92
実は	actually	119

日本語	英語	ページ
失礼な	rude	118
失恋	heartbreak	84
自転車で通勤する	ride one's bike to work	20
自動車販売代理店	car dealership	69
(…)しないように心掛ける	try not to do	21
(店が)閉まっている	be closed	68
(…に)シミを付ける	stain ...	60
ジム	gym	22
地元	one's hometown	26
地元の	local	44
車検	car inspection	69
写真を撮る	take a photo	42
シャツ	shirt	66
(…の)邪魔をする	bother ...	21
ジャンクフード	junk food	40
(…を)獣医へ連れて行く	take ... to the vet	94
(…を)収穫する	pick ...	78
シュークリーム	cream puff	75
就寝前に	before bedtime	18
住宅ローンの返済	mortgage payment	98
手術	operation	79
(…に)出席する	attend ...	51
出張	business trip	16、32
出張中で	on a business trip	47
(…を)シュレッダーにかける	shred ...	60
(…の)準備をする	prepare for ...	16
消火器	fire extinguisher	40
奨学金を受ける	receive a scholarship	64
昇給する	get a raise	64
症状	symptom	34
生じる	come up	85
小説家	novelist	74
(…と)衝突する	clash with ...	57
(…を)承認する	OK ...	84
私用の	private	60
上品な	elegant	34
上品に	elegantly	34
ジョギングする	jog	22
食事	meal	50
食事をする	dine	40
職場で	at work	114
助言	advice	36
(…に)所属する	belong to ...	22
しょっちゅう	constantly	14
ショッピングモール	mall	92
(…を)所有する	own ...	22
書類	document	60
白髪	gray hair	98
しわがれ声の	hoarse	24
新学期	new semester	98
神経を逆なでする	upsetting	36
新婚旅行に行く	have a honeymoon	65
(…の存在を)信じる	believe in ...	22
心臓手術を受ける	have a heart surgery	58
新築祝いパーティー	housewarming	85
神秘的な	mysterious	45
新聞	paper	108
(…を)信用する	trust ...	42

【す】

日本語	英語	ページ
数学	math	102
スーツ	suit	68
スーパー	supermarket	94
スカーフ	scarf	78
スキー	skiing	66
スキーをする	ski	58
(食べ物の)好き嫌いが多い人	picky eater	99
過ぎ去りし日々	old days	97
好きになる	fall in love with ...	16
すごい	amazing	36
少し	a little	75
(…の前で長時間)過ごす	spend long in front of ...	14
(…と)過ごす	spend time with ...	70
寿司屋	sushi restaurant	40
涼しい	cool	52
(…を)勧める	recommend ...	34、92
頭痛がする	have a headache	46
すっかり	completely	68

155

日本語	英語	ページ
すっかり	totally	94
(…を)すっぽかす	miss ...	95
すてきな	fabulous	64
すでに	already	16
砂箱(ネコ用のトイレ)	litter box	43
素晴らしい	brilliant	35
素晴らしい	fantastic	50
スポーツクラブに通う	go to a gym	14
スポーツバー	sports bar	82
スマートフォン	smartphone	81
(…から徒歩~分のところに)住む	live a -*minute* walk from ...	14
スライディングキャッチ	sliding catch	110
(…)することになっている	be supposed to *do*	109

【せ】

日本語	英語	ページ
(…の)せい	*one's*<*someone's*> fault	30
性格	personality	34
(~の代金として…を)請求される	be charged ... for ~	119
(…を)清潔に保つ	keep ... clean	54
声優	voice actor	101
(…の)整理をする	organize ...	78
セーター	sweater	16
絶対に	absolutely	70
(…を~するよう)説得する	persuade ... to *do*	74
絶品の	excellent	67
節約する	save money	70
(…を)責める	blame ...	56
(…の)世話をする	take care of ...	109
洗車する	wash a car	44
洗濯物	laundry	62
洗濯物を洗う	wash *one's* laundry	60

【そ】

日本語	英語	ページ
騒音	noise	42
(…を)操作する	control ...	54
掃除機をかける	vacuum	18
そうだ	I know	78
卒業アルバム	yearbook	97
(…に)そっくりな人	carbon copy of ...	30

日本語	英語	ページ
祖父	grandpa	113
それでも	still	109

【た】

日本語	英語	ページ
ダイエットを始める	start a diet	78
大学教育	college education	42
退屈して	bored	86
退屈する	get bored	52
退屈な	boring	36
(…)代後半で	in *one's* late ...s	86
(…に)滞在する	stay in ...	20
滞在する	have a stay	104
体重	weight	98
対戦相手	opponent	44
(…と)対戦する	face ...	42
大体は	typically	34
体調が良くない	not feel well	24
(…)代で	in *one's* ...s	59
タイトルマッチ	title match	116
大リーグの試合	MLB game	82
たくさんの	a bunch of ...	83
託児所	day-care center	74
(…を)たくらんで	up to ...	118
(…を)畳む	fold ...	62
(…から)立ち直る	get over ...	84
種をまく	plant a seed	66
楽しいこと	ball<blast>	50
楽しい時を過ごす	enjoy *oneself*	50
たばこをやめる	quit smoking	20
食べ過ぎる	eat too much	60
(…に)食べ物を与える	feed ...	43
誕生日プレゼント	birthday gift	44
(…の)誕生日を祝う	wish ... a happy birthday	66
単身赴任する	work away from home	99
炭水化物	carbohydrate	20

【ち】

日本語	英語	ページ
チケット	ticket	26
(…の)チケットを持っている	have a ticket for ...	64

茶碗1杯の	a bowl of ...	32
中間テスト	midterm exams	98
注射	shot	94
昼食に出る	go out for lunch	66
昼食の約束	lunch appointment	96
(…を)注文する	order ...	44
頂上	top	72
朝食を抜く	skip breakfast	34
ちょうど	just	16

【つ】

(…に)ついていく	keep up with ...	72
(…の話が出た)ついでに	speaking of<talking about> ...	66
(…へ行く)ついでに	on the way to ...	66
(…を)使い果たす	use up ...	17
疲れる	get tired	52
(…と)付き合う	get along with ...	54
(食事を)作る	fix ...	62
(…に)つながる	connect to ...	114
(…する)つもりである	expect to do	40
強く	strongly	34
(…を〜へ)連れて行く	take ... to 〜	40

【て】

提案	suggestion	86
DVDのボックスセット	DVD box set	17
DVDをレンタルする	rent a movie<DVD>	14
定期的に	regularly	70
(…の)手入れをする	groom ...	43
データ	data	80
(…をしに)出掛ける	go out for ...	25
できるだけ…	as ... as possible<one can>	70
手頃な値段の	affordable	24
デザート	dessert	44
デジタルカメラ	digital camera	55
手帳	datebook	60
手作りの	handcrafted	44
(…を)手伝う	help with ...	114
(…を)手に入れる	pick up ...	66

テニスをする	play tennis	22
テレビドラマ	TV drama	53
店員	sales clerk	92
転勤する	be transferred	70
典型的な	typical	34
転職する	change one's job	20
電子レンジ	microwave oven	42
(…を〜に)転送する	transfer ... to 〜	80
電卓	calculator	32
テント	tent	32
伝票	bill	119
電話会話	telephone conversation	80
電話に出る	answer the phone	23
(…に)電話をする	make a call	102
(…に)電話をする	call ...	18

【と】

ドアに鍵をかける	lock the door	60
(…することに)同意する	agree to do	40
動画	video	82
(…か)どうかと思う	wonder ...	97
陶芸教室	pottery class	100
どうせ	anyway	89
(…なのは)当然だ	it's no wonder ...	33
動物園	zoo	44
同僚	colleague	15、110
TOEIC	the TOEIC test	18
(…が)得意である	be good at ...	14
特に	in particular	69
どこにでもある	ordinary	44
図書館	library	32
(…に戻る)途中	on the way back to ...	32
突然	suddenly	25、96
とても	quite	101
トマト	tomato	78
止まる	make a stop	104
取扱説明書	manual	55
泥だらけの	muddy	68

157

【 な 】

日本語	英語	ページ
(…で)ない限り	unless	70
(…を)直す	fix ...	108
(…を)なくす	lose ...	16
亡くなった…	late	92
夏休み	summer vacation	90
夏らしい	summery	52
怠けた	lazy	52
涙もろい	sentimental	53
何時間も	for hours	40
何だか…	sort of ...	87
何度か	more than once	37
何とか…する	manage to *do*	74

【 に 】

日本語	英語	ページ
似合いのカップルになる	make a good couple	24
(…に)似合う	suit ...	30
日曜大工をする	do DIY	78、112
荷造りする	pack	97
日中	during the day	90
(…に)似ている	look like ...	92
入学式	entrance ceremony	116
入学試験	entrance exam	98
(…に)入学する	get into ...	80
庭仕事	yardwork	112
庭の草取りをする	weed *one's* yard	66
庭の手入れをする	work on *one's* garden	78
(…を)認識する	recognize ...	114

【 ね 】

日本語	英語	ページ
(…で)寝込んでいる	be down with ...	109
熱	fever	109
熱がある	have a fever	46
(…を)熱狂させる	wow ...	111
ネットで	online<on the Web>	17、82
寝袋	sleeping bag	32
寝る	go to bed	28
年に一度の	annual	63

【 の 】

日本語	英語	ページ
(…まで)登る	climb to ...	72
飲み会	drinking party	51
飲み過ぎる	drink too much	28
のんびり過ごす	spend a lazy day	78

【 は 】

日本語	英語	ページ
バードウォッチング	bird watching	82
ハーブ	herb	66
バーベキューパーティー	barbeque party	78
バイク	motorbike<motorcycle>	22、68
歯医者の予約	dentist appointment	95
ハイブリッド車	hybrid car	68
俳優	actor	16
(…に)入る	enroll in ...	100
(…に)入る	fit into ...	114
(…を)はぐくむ	nurture ...	70
博物館	museum	44
舶来品の	imported	44
激しい	heavy	34
激しく	heavily	34
はし	chopsticks	32
恥ずかしい	embarrassed	95
パスタ	pasta	68
パスポート	passport	62
パソコン	PC<computer>	18、54
肌寒い	chilly	52
(…で)働く	work at ...	58
発音	pronunciation	73
はっきりと	clearly	96
発売	release	116
発表会	recital	94
(…を)発明する	invent ...	42
話し合う	talk things over	24
(…に)話し掛ける	talk to ...	54
(…の)話を持ち出す	bring ... up	108
(…に)はまっている	be hooked on<into> ...	33、46
(…する)羽目になる	end up *-ing*	92
早起きをする	get up early	20

158

日本語	英語	ページ
腹が立って	upset	36
腹を立てる	get upset	52
バレンタインデー	Valentine's Day	116
繁華街に住む	live downtown	38
ハンカチ	hanky	66
番組	series<show>	82、106
番組を録画する	record a program	94
番犬	watchdog	82
反省して	sorry	86
(…に)反対している	be against ...	81
パンツ	pants	32
バンド	band	26
反応	reaction	36
(…に)反論する	argue with ...	72

【ひ】

日本語	英語	ページ
ピアノを弾く	play the piano	80
(…を)控える	cut back on ...	20
(…に)引かれる	be drawn to ...	69
ひげをそる	shave	62、114
ピザ	pizza	44
肘掛けイス	armchair	39
美術展	art exhibition	45
引っ越す	move	97
必要な	necessary	70
人柄	character	110
1組の…	a pair of ...	32
人混み	crowds	14
1つの	a piece of ...	32
一晩で	overnight	80
(文章の)一節	passage	73
人前で	in public	70
一休みする	take a rest	104
冷や汗をかく	be in a cold sweat	61
日焼けする	get sunburned	60
美容院の予約	haircut appointment	94
美容院へ行く	visit<go to> a hair salon	66、91
病院へ行く	go to see a doctor	78
(…で)評価されている	be valued for ...	44

日本語	英語	ページ
(…の)費用を稼ぐ	make money for ...	74
昼休み	lunch break	90
広まる	circulate	20

【ふ】

日本語	英語	ページ
(…に)ブーイングをする	boo at ...	44
風船	balloon	79
ブーツ	boots	33
プール	swimming pool	40
不快になって	disgusted	36
福引	lottery	65
舞台で	onstage	110
2つの	a couple of ...	117
不注意な	careless	102
普通の人	regular person	86
不愉快な	disgusting	36
冬らしい	wintry	52
フライドポテト	French fries	60
フリーの	freelance	15
(…だという)ふりをする	pretend ...	72
プリンター	printer	68
プレゼン	presentation	16
風呂に入る	take a bath	18
プロの	professional	71

【へ】

日本語	英語	ページ
別荘	second home	38
弁護士	lawyer	92

【ほ】

日本語	英語	ページ
報告書を書く	do a report	62
報告書をまとめる	write a report	74
(…を)訪問する	pay a visit to ...	104
法律	law	58
ボーナス	bonus	70
ホームセンター	DIY store	78
保護者会	parents' meeting	94
ホタル	firefly	82
ほとんど…ない	hardly	34

ほほえましい	sweet	87
ボランティア活動	voluntary work	22
(…について)本気である	be serious about ...	24
(…に)本当のことを話す	tell ... the truth	24
本屋	bookstore	89

【ま】

マイホーム購入する	buy a house	74
前の	former	57
曲がる場所を間違える	make a wrong turn	24
待合室	waiting room	91
待ち合わせ場所	meeting place	68
間違えて	by mistake	60
間違える	make a mistake	73
(最大…)まで	up to ...	80
窓から…を見る	see ... out of the window	82
マニキュア	nail polish	59
(〜から…を)守る	protect ... from 〜	72
漫画	comic	46
満月	full moon	82
マンションを購入する	buy a condominium	64
万年筆	fountain pen	44
満腹になる	get full	52

【み】

見事な	stunning	36
見事に	beautifully	34
道順	directions	27
(…の)道を目指す	pursue a career as ...	101
(…を)見つける	spot ...	54
(…を)見て回る	tour ...	44
(…することが)認められる	be accepted to *do*	64
(…の)見舞いに行く	visit ... at the hospital	79
(…に)魅了されて	fascinated by ...	86

【む】

(…を)迎えに行く	pick up ...	30
蒸し暑い	muggy	52
(…を)無視する	ignore ...	20

息子	son	22
娘	daughter	22
無理な	impossible	24
(…を〜に)無理やり入れる	squeeze ... into 〜	74

【め】

姪	niece	81
(…からの)メールを受け取る	get an e-mail from ...	35
メールをチェックする	check e-mails	62
(…からの)メールを読む	read *someone's* e-mail	24
眼鏡	glasses	32
眼鏡を掛ける	wear glasses	24
目が腫れるほど泣く	cry *one's* eyes out	53
(…)巡りをする	look around ...	78
珍しい	rare	44
メタリックカラーの	metallic-colored	44
目を覚ます	wake up	105
面倒	pain	62
(腹立たしいような)面倒	pain in the neck	62
面倒な	troublesome	62

【も】

もう一度やり直す	start over	56
申し訳なく思う	be sorry for ...	30
もう…ない	not ... anymore	46
(…のために)猛勉強する	work hard for ...	20
(…に)潜る	dive in ...	46
(…の話を)持ち出す	bring ... up	56
(…を)持っていく	bring ...	94
元…	former	15
(…を)求められる	be asked for ...	27
物置	shed	78
物事にうんざりする	get sick of things	52
物事のマイナス面	negative side of things	56
(…に)門限を設定する	set a curfew for ...	29
問診票	medical questionnaire	63

【や】

約束	appointment	68

(…すると)約束する	make a promise to *do*	102
(…を)やけどする	burn *one's* ...	90
野菜	vegetable	114
優しい	kindhearted	86
(…に)野次を飛ばす	jeer at ...	44
安い	cheap	93
安く	cheaply	80
休み(非番の日)	*one's* day off	26
厄介なこと	bother	62
厄介なこと	hassle	62
(…を)やってみる	give ... a try	104
やっぱり	after all	68
やっぱり	on second thought	68
やれやれ	my goodness	119

【ゆ】

優勝する	win a championship	58
郵便局に行く	go to the post office	62
ユーモアのセンス	sense of humor	35
ゆっくり	slowly	72
(…を)許す	forgive ...	84

【よ】

幼児	toddler	92
幼稚園	kindergarten	112
ようやく	finally	16
ヨガ教室	yoga class	32
酔って帰宅する	come home drunk	14
(…を)読み込む	read ...	114
予約をキャンセルする	cancel *one's* reservation	94
予約をする	make a reservation	74
(…に)余裕をもって着く	get to ... in plenty of time	28
(…と)よりを戻す	get back with ...	56
(…に)寄る	stop at ...	94
(…に)よれば	according to ...	37

【ら】

ライブ	gig	116
ライフスタイル	lifestyle	110

楽な	comfortable	32

【り】

留学する	study abroad	22、38
両親	parents	24
料理	cooking	14
料理	cuisine	44
料理学校	cooking school	22
料理人	cook	58
(…)旅行を当てる	win a free trip to ...	64
隣人	neighbor	50

【る】

ルールを作る	make a rule	42

【れ】

冷蔵庫	refrigerator<fridge>	38、66
(…)連続で	... in a row	95
(…に)連絡を取る	reach ...	54

【ろ】

老後の生活	life after retirement	98
老人ホーム	nursing home	113
(…を)朗読する	read ... aloud	73
(…を)録音する	record ...	80

【わ】

(1本の)ワイン	a bottle of wine	16
わかりにくい	confusing	36
(…で)わかる	tell from ...	86
(…と)別れる	break up with ...	37
割引券	discount coupon	16
(…を)割る	break ...	60

ダウンロード特典のご案内

単語帳を作りませんか？

アルクのホームページから、本書特製の「単語シート」がダウンロードできます。
あなたのアンテナがキャッチした単語やフレーズをどんどん書き留め、
日々のボキャビル（語彙力の強化）に活用してください。

この特典を活用していただくためには、PDF形式のファイルが閲覧できるビューアがインストールされているパソコンとプリンターが必要です。

【ダウンロード方法】

下記のサイトから「英語日記ドリル〔Plus〕」を選択。
本書を探す際、商品コード（7013072）を利用すると便利です。

ALC DOWNLOAD CENTER（ダウンロードセンター）　https://www.alc.co.jp/dl/

こんなふうに使います

❶ ボックス
番号を振ったり、アルファベットごとにシートを分ける際などに活用してください。

❷ WORD/PHRASE
映画のセリフや歌の歌詞で拾った表現、ネイティブの友だちが使っていた表現など、あなたが出会った気になる英語表現を記入します。

❸ JAPANESE
日本語訳の記入欄です。意味が判明していない場合には、わかるときまで空欄のままでもOKです。

❹ EXAMPLE
用例も記録しておくといいですね。辞書の例文やインターネットの検索でも探せます。

❺ MEMO
その表現の出典（映画名、歌のタイトル、記事名など）、発音記号、派生語などの記録に使ってください。

❻ 線について
必要に応じて複数の行を使えるよう、横罫は点線になっています。区切り線は自分で引いて使います。

NO.1　　　English Diary Drills [Plus Edition]

WORD/PHRASE	JAPANESE	EXAMPLE	MEMO
vet	（名）獣医		veterinarianの略
make somone's day	…を喜ばせる	"Go ahead, make my day."	映画『ダーティハリー4』より
tummy	（名）おなか	My tummy hurts.（おなかが痛い）	幼児語
eggplant	（名）ナス		
Don't bother	おかまいなく。		英会話教室で
bother …	（動）…に迷惑をかける	Sorry to bother you, but…（すみませんが…）	〃
wishy-washy	（形）はっきりしない、優柔不断な	a wishy-washy guy（はっきりしない奴）	

おわりに

本書を最後まで読んでいただき、ありがとうございます。そして、お疲れさまでした。

「つまずきがちなポイントに注意しながら日記を書く」という50のレッスンを終えて、いかがですか？
これまでの疑問が解決し、英作に自信を持てるようになったでしょうか？

「英語日記」は気軽さが魅力の学習メソッドですが、慣れてくると、
表現方法がマンネリ化することもあります。
そんなときは、文法の正誤や類語のニュアンスなどに、いつもよりちょっとだけ意識を向けてみましょう。
単語の意味を調べたついでに辞書の例文に目を通したり、解説を読んだりすることで、
正確な英語、こなれた英語で表現できるようになり、ひいては、英語力の向上へとつながります。

本書での学習をきっかけに、英語で表現することの楽しさが増し、
同時に、さらなる学習に意欲をかきたてられたのであれば、著者として、これ以上の喜びはありません。
毎日の積み重ねが、いつの日か「知識の宝庫」になることを信じて、

これからもぜひ英語日記を続けてくださいね。

石原真弓

PROFILLE

いしはら・まゆみ (英語学習スタイリスト)

高校卒業後、米国留学。コミュニティカレッジ卒業後、通訳に従事。帰国後は、英会話を教える傍ら、執筆やメディア出演、スピーチコンテスト審査員、講演などで幅広く活躍。英語日記や英語手帳など、身のまわりのことを英語で発信する学習法を提案し続ける。
主な著書に、『英語日記ドリル[Complete]』(アルク)、『英語日記パーフェクト表現辞典』(学研プラス)、『英語で手帳をつけてみる』(ベレ出版)、『石原真弓の大人のためのゆっくり学ぶ英語教室』(小学館)、『中学英語で読むディズニー』シリーズ、『ディズニーの英語』シリーズ(以上、KADOKAWA)など。その他、中国語や韓国語に翻訳された著書も多数。

英語日記ドリル〔Plus〕

発行日：2013年11月21日（初版）
　　　　2023年9月5日（第5刷）

著者　　　　　　石原真弓

編集　　　　　　出版編集部

英文校正　　　　Peter Branscombe / Margaret Stalker
　　　　　　　　Victoria Wilson

アートディレクション　直井忠英

デザイン　　　　相原アツシ（naoi design office）
　　　　　　　　永田理沙子（naoi design office）

イラスト（表紙／本文）　添田あき

DTP　　　　　　朝日メディアインターナショナル株式会社

編集協力　　　　鈴木香織

印刷・製本　　　凸版印刷株式会社

発行者　　　　　天野智之

発行所　　　　　株式会社アルク
　　　　　　　　〒102-0073 東京都千代田区九段北4-2-6 市ヶ谷ビル
　　　　　　　　Website：https://www.alc.co.jp/

落丁本、乱丁本は弊社にてお取り替えいたしております。
Webお問い合わせフォームにてご連絡ください。
https://www.alc.co.jp/inquiry/
本書の全部または一部の無断転載を禁じます。
著作権法上で認められた場合を除いて、本書からのコピーを禁じます。
定価はカバーに表示してあります。
製品サポート：https://www.alc.co.jp/usersupport/

©2013 Mayumi Ishihara / ALC PRESS INC.
Illustrations ©"studio and," Aki Soeda
Printed in Japan.
PC：7013072
ISBN：978-4-7574-2409-8

地球人ネットワークを創る
アルクのシンボル
「地球人マーク」です。